SEDE DE SENTIDO

Conheça
nossos clubes

Conheça
nosso site

- @editoraquadrante
- @editoraquadrante
- @quadranteeditora
- Quadrante

VIKTOR FRANKL

SEDE
DE SENTIDO

5ª edição

Tradução
Henrique Elfes

São Paulo
2020

Título original
Neurotisierung der Menschheit – oder Rehumanisierung der Psychotherapie?

Copyright © 2003 herdeiros de Viktor Frankl

Capa
José Luis Bomfim

Ilustração da capa
O Pensador, de Auguste Rodin (1840-1917),
Museu Rodin, em Paris (França)

Dados Internacionais de Catalogação na Publicação (CIP)

Frankl, Viktor
  Sede de sentido / Viktor Frankl; introdução, tradução e notas de Henrique Elfes – 5ª ed. – São Paulo : Quadrante, 2016 – (Temas cristãos; 39).

  ISBN: 978-65-86964-36-3

  1. Humanismo 2. Logoterapia 3. Psicoterapia I. Título II. Série
                                                              CDD-616.8914

Índice para catálogo sistemático:
1. Logoterapia : Medicina 616.8914

Todos os direitos reservados a
QUADRANTE EDITORA
Rua Bernardo da Veiga, 47 - Tel.: 3873-2270
CEP 01252-020 - São Paulo - SP
www.quadrante.com.br / atendimento@quadrante.com.br

Índice

INTRODUÇÃO 7

NEUROTIZAÇÃO DA HUMANIDADE
OU REUMANIZAÇÃO DA PSICOTERAPIA? 11
  A patologia do nosso tempo 11
  O sentimento de falta de sentido 17
  As consequências da neurotização 18
  A «vontade de sentido» 20
  Um «experimentum crucis» 25
  A autotranscendência 28
  Os caminhos de fuga 31
  A inflação da sexualidade 33
  Pode-se *dar* sentido? 37
  O «órgão do sentido» 41
  Os valores são próprios do homem 43
  A dimensão do *homo patiens* 46

O reducionismo mecanicista 49
A tríade trágica: sofrimento, culpa e morte 52

DISCUSSÃO 59

Posfácio 87

Seleção Bibliográfica 93

INTRODUÇÃO

Quando lhe pediram, em certa ocasião, para caracterizar a diferença entre a psicanálise de Freud e a logoterapia por ele desenvolvida, o prof. Viktor Frankl pediu ao interlocutor, um médico americano, que definisse em duas palavras a psicanálise. A resposta foi: «Na psicanálise, o paciente tem de deitar-se num divã e contar coisas que, às vezes, são muito desagradáveis de serem contadas». Ao que o psiquiatra vienense retrucou: «Pois na logoterapia o paciente pode ficar sentado normalmente, mas tem de ouvir coisas que, às vezes, são muito desagradáveis de serem ouvidas».

Esse senso comum e essa capacidade de superar a pretensa e obtusa seriedade do cientificismo são algo que, de certa forma, define a logoterapia, conhecida como «a terceira escola vienense de psicoterapia». Se as duas escolas ante-

riores, a de Freud e a de Adler, nos mostravam esquemas rígidos que explicavam todo o comportamento humano respectivamente pelo princípio do prazer ou pela vontade de poder, Frankl nos falará da autotranscendência e da vontade de sentido do ser humano, traçando uma imago hominis, *um retrato do homem, quase clássico pela sua abertura e abrangência. Estamos de volta, finalmente, a uma compreensão do mistério do ser humano, complexo e inabarcável na sua totalidade, e superamos assim a tendência positivista, que se sentia no dever de explicar toda a realidade por meio de causas simplesmente materiais e, por isso mesmo, matematizáveis.*

Não se pense, porém, que aqui se esteja misturando indevidamente ciência e religião, mistura que habitualmente se tem revelado ou indigesta ou explosiva, ora porque se dogmatiza a ciência, ora porque se relativiza a religião. É verdade que o prof. Frankl exige dos cientistas que «não teimem em que só pode haver um ângulo – o seu – para observar a realidade», que se mantenham abertos e reconheçam as limitações próprias; mas, por outro lado, respeita rigorosamente a neutralidade a que o obrigam o seu juramento de Hipócrates e o próprio rigor científico, em todas as questões religiosas e ideológicas.

Não é menos verdade também que as ciências humanas exigem, por natureza, um fundamento que escapa à sua

INTRODUÇÃO

competência, uma resposta às questões fundamentais sobre a existência humana, e que essa resposta diz respeito igualmente a filósofos e teólogos, a sociólogos e médicos. A conferência que apresentamos a seguir, pronunciada em 9 de junho de 1974 pelo prof. Frankl no Lindenthal-Institut de Colônia, na Alemanha, interessa, portanto, a todos. Não é uma exposição sobre técnicas de tratamento psiquiátrico, mas uma reflexão profunda sobre os conceitos humanísticos que servem de base à logoterapia.

Extremamente viva e acessível, reflete o estilo habitual do seu autor, empapado de humor, profundidade e otimismo. Do otimismo de um homem que passou pelos campos de concentração de Auschwitz e Dachau sem deixar de crer, em momento algum, no sentido incondicionado da vida, e que pôde comprovar, ao longo de toda uma vida dedicada a curar os que padecem, a sabedoria de fundo que formulou na juventude.

Este caderno pode servir, também, como introdução às obras de mais fôlego do prof. Frankl. Concretamente remetemos para Psicoterapia e sentido da vida (6ª edição, Quadrante, São Paulo, 2016) *e* Em busca de sentido: um psicólogo no campo de concentração (32ª edição, Sinodal, São Leopoldo, 2008). *Veja-se também a seleção bibliográfica mencionada no fim deste volume.*

NEUROTIZAÇÃO DA HUMANIDADE OU REUMANIZAÇÃO DA PSICOTERAPIA?

A patologia do nosso tempo

No ano passado, os estudantes de uma universidade americana convidaram-me a ministrar uma conferência sobre o tema «*Is the new generation mad?*» – Estará doida a nova geração? Como é óbvio, defendi-me de pés e mãos contra semelhante título, mas de nada me adiantou. Pus-me então a caminho, rumo à Universidade Estadual da Geórgia, em Athens. No aeroporto de Atlanta, uma tempestade interrompeu os voos e a minha conexão foi adiada; tive de tomar um táxi. Na viagem, que levou algumas horas, fui conversando com o motorista, um simpático velho negro. E gostaria de relatar aqui a substância da conversa.

Começou ele por perguntar-me:

– Que é que o senhor vai fazer em Athens com um tempo destes?

– Tenho que dar lá uma conferência.

– Qual é o tema?

Disse-lhe o título da palestra, «Estará doida a nova geração?», e ele riu.

– Por que é que o senhor está rindo? –, perguntei-lhe. – Gostaria de dar a palestra em meu lugar e deixar que eu dirigisse o carro?

– Bem, eu não saberia por onde começar.

– Por que não? Afinal de contas, o senhor conhece a nova geração do seu país melhor do que eu!

Ele insistiu no seu «*I couldn't do that*», eu não saberia fazê-lo. Foi somente quando me pus sério e lhe perguntei o que pensava efetivamente sobre o tema, que ele me respondeu, palavra por palavra:

– *Of course they are. They kill themselves, they kill each other and they take dope.* É claro que estão doidos. Matam-se a si próprios, matam-se uns aos outros e tomam drogas.

Aqui temos, caracterizados pelo senso comum, os três sintomas básicos da neurose coletiva atual: *depressão*, *agressão* e *adição* (dependência de drogas). Comecei aquela conferência com as palavras do taxista, aliás muito exatas porque, sobretudo no sul da Califórnia, se pode comprovar que as taxas de suicídio, de dependência de drogas e de criminalidade entre a juventude universitária crescem sem parar.

Acabamos de estabelecer, portanto, um dos aspectos básicos da patologia do nosso tempo, se é que se pode falar assim. Mas não devemos contentar-nos com descobrir os sintomas; como médicos, temos obrigação de dar um passo à frente – ou, melhor, atrás – e de procurar a etiologia, as causas da doença. Ou seja, aquilo que está por trás desses fenômenos. Por que razão, por exemplo, nos defrontamos com taxas crescentes de suicídio?

Os resultados das pesquisas a este respeito são de tal forma abundantes que hesito quanto ao que devo apresentar em primeiro lugar. Poderíamos começar, por exemplo, pelos dados que um dos meus doutorandos da Idaho State University me forneceu há uns três meses.

Nessa pesquisa, foram entrevistados sessenta estudantes que já tinham tentado cometer suicídio pelo menos uma vez. Em 85% dos casos, indicaram como causa: «*Life meant nothing to them*», que a vida não tinha sentido algum para eles. Desses 51, 48 estavam em excelentes condições físicas, viviam num ambiente socioeconômico bastante favorável e não tinham conflitos familiares. Ou seja, 93% daquelas pessoas para as quais a vida «não tinha sentido algum» estavam *well off*, não tinham de que queixar-se.

Black e Gregson, utilizando um teste de *purpose-in-life* – «finalidade da vida» – desenvolvido por dois logoterapeutas americanos, puderam estabelecer um registro quantitativo do sentimento de ausência de sentido e de frustração existencial num grupo de presidiários da Nova Zelândia. Nesse ambiente, o teste deu como resultado um índice de 86 pontos, o que significa que os encarcerados sofriam de uma sensação abismal de falta de sentido. Em comparação, um grupo da população normal entrevistado para efeitos de controle dos resultados apresentou o índice de 115 pontos, ou seja, tinham um grau de realização do sentido da vida bem mais elevado.

Um dos meus antigos doutorandos, Louis Barber, trabalha atualmente como diretor de um centro de reabilitação de delinquentes juvenis na Califórnia, e lá aplica a metodologia logoterapêutica. Na sua tese de doutorado, indica que mediante o tratamento logoterapêutico conseguiu elevar, em quatro meses, o índice *purpose-in-life* de um grupo de «pivetes» de 86 para 103 pontos. Além disso, se a média de reincidência criminal pós-tratamento é de 40% nos EUA, a média dos rapazes tratados por Barber foi de 17%.

E quanto aos drogados? Uma das minhas orientadas,

Lou Padelford, pôde comprovar estatisticamente que a causa que normalmente se aponta como responsável pela dependência de drogas – uma «imagem paterna fraca», *a weak father image* –, na verdade nada tem a ver com o assunto. Com diversas baterias de testes, descobriu que o índice de envolvimento com drogas nas pessoas que se sentem medianamente realizadas é de 4,25%, ao passo que, naqueles que sofrem de um sentimento de ausência de sentido, é de 8,90%; ou seja, mais do que o dobro. Uma contraprova, fornece-a o meu antigo colaborador Fraiser, que atualmente é diretor do Drug Rehabilitation Center de Norco, na Califórnia: para uma taxa média de tratamentos bem sucedidos de 5% na Áustria, um pouco menos do que 10% na Alemanha e cerca de 11% nos EUA, Fraiser obteve uma taxa de 40% de reabilitados, que se mantinham sãos mesmo após dois anos de observação.

Como vemos, vale a pena reconhecer a existência deste *sentimento de falta de sentido* e observá-lo mais de perto, ao tratarmos da patologia do nosso tempo. Não é uma tarefa fácil, pois costumamos estar aferrados a clichês e temos um medo pânico de *tabus*. É o que diz Nicolas Mosley, autor de um romance publicado nos Estados Unidos, *Nathalie, Nathalie,* do qual extraio esta citação: «Há um assunto que nos nossos dias se tornou tabu, da mesma forma como a sexualidade era tabu há algumas décadas: é o de falar da vida como se ela tivesse algum sentido». Atualmente, é proibido afirmar que a vida tem sentido; é um tema tabu.

Certa vez, comecei uma preleção para estudantes da Universidade de Oslo com estas palavras: «Meus caros ouvintes: venho de Viena. Venho da cidade de Sigmund Freud. Mas não venho do tempo de Sigmund Freud». É um fato que, nos dias que correm, as frustrações existenciais vêm dando muito mais trabalho a nós, médicos neurologistas, do que as frustrações sexuais. Alfred Adler, na sua época, colocou no centro da sua teoria o sentimento de inferioridade; mas hoje este lugar pertence ao sentimento de falta de sentido, que muitas vezes aparece associado a uma sensação de vazio, e que por isso denominei «vácuo existencial».

Gostaria de citar aqui, dentre a imensa quantidade de material disponível, a carta de um estudante americano que me escreveu para Viena. Diz: «Tenho 22 anos, um diploma universitário, um carro luxuoso, e sou financeiramente independente. Além disso, tenho mais sexo e mais prestígio à minha disposição do que sou capaz de consumir. E agora encontro-me diante da pergunta: *Para que serve tudo isso?*» A carta é representativa: relata o que muitos sentem.

O sentimento de falta de sentido

Podemos falar, à vista desses fatos, de uma «neurotização da humanidade», de um processo crescente de «adoecimento» espiritual da sociedade? Há indícios de que sim. Diane Young, doutoranda em logoterapia pela Universidade da Califórnia, mostrou-me há algumas semanas os resultados das suas pesquisas, que indicam ser o vácuo existencial o estado predominante na nova geração norte-americana, cujos valores divergem significativamente dos da geração de meia idade ou de idade avançada. Este fato aponta, sem sombra de dúvida, para a existência de uma neurotização crescente do ser humano. Devo a Alois Habinger um estudo que comprova que, no interior de um determinado grupo de aprendizes técnicos vienenses, a frustração existencial cresceu de 30 para 80% em dois anos!

Aquilo que os logoterapeutas vêm constatando e descrevendo nos países ocidentais, encontra-se também confirmado por uma multidão de artigos publicados em países do bloco comunista. Citemos aqui somente o falecido neurólogo Vymetal, antigo diretor da Clínica Psiquiátrica da Universidade de Olmütz, na Tchecoslováquia, que se considerava um «pavloviano da velha escola». Num trabalho conjunto com outros autores tchecos e da República Democrática Alemã, chamou expressamente a atenção para a existência da frustração existencial nos países comunistas e recomendou a urgente introdução de medidas logoterapêuticas para combater esse problema. O mesmo observa a diretora da divisão psicoterapêutica da Universidade Karl Marx de Leipzig, que nas suas publicações não somente confirma as nossas observações, mas também informa que foi obrigada a recorrer à logoterapia no tratamento de casos de frustração existencial.

Finalmente, com relação aos países subdesenvolvidos, poderíamos citar o Prof. Klitzke, que trabalhou como professor visitante numa universidade africana. Num artigo intitulado *Logotherapy in Tanzania,* que publicou no *American journal of humanistic psychology*, confirma a existência de um nítido e crescente vácuo existencial, pelo menos entre a juventude universitária.

As consequências da neurotização

Quando me perguntam acerca das causas do sentimento de falta de sentido ou do vácuo existencial, costumo responder com a seguinte fórmula: ao contrário do animal, o homem não tem instintos que lhe dizem o que *tem de* fazer; e ao contrário do que acontecia em séculos passados, o homem de hoje já não conta com tradições que lhe dizem o que *deve* fazer; assim, muitas vezes parece já não saber o que *quer*.

Em consequência, acaba por empenhar-se em querer fazer o que os outros fazem – e o resultado é o conformismo, a massificação típica da sociedade atual. Ou então faz aquilo que os outros querem, aquilo que se exige dele – e aí temos o totalitarismo! Portanto, a frustração existencial parece ser pelo menos uma das componentes responsáveis por esses fenômenos mundiais.

Mas, na análise das consequências da neurotização social, há ainda um terceiro fenômeno a ser levado em consideração, e que consiste no aparecimento de um tipo específico de neurose, a «neurose noogênica», contraposta à «neurose psicogênica» ou neurose em sentido estrito[1]. A causa principal da neurose noogênica é justamente a frustração existencial, que se cristaliza em forma de sintomas neuróticos.

O sentimento de falta de sentido, tomado em si mesmo, não constitui propriamente uma neurose. Perguntar-se *qual* é *o* sentido da vida é um ato especificamente

---

(1) Neurose *noogênica* – do grego *nôus*, espírito – é a situação de anormalidade psicológica causada por fatores espirituais, ao passo que a *psicogênica* é causada por distúrbios instintivos ou afetivos, e a *somatogênica*, que o autor menciona mais adiante, por problemas fisiológicos ou corporais.

humano – nenhum animal tem dúvidas acerca do sentido da sua existência –; e mais humano ainda é questionar *se* a vida tem algum sentido. Tal atitude é, além disso, um sintoma de amadurecimento espiritual: significa que a pessoa não se limita genericamente ao que lhe dizem os ideais e os valores tradicionais, mas tem a coragem de lutar por um sentido pessoal, de procurá-lo por conta própria, com autonomia.

A «vontade de sentido»

Temos de enfrentar agora a questão dos pressupostos ontológicos do vazio existencial, isto é: «Como tem de estar feito o homem, que elementos estruturais tem de haver na sua existência, para que determinadas circunstâncias o levem a sofrer de uma frustração existencial?» Pois já vimos que, mesmo que não lhe falte nada, o ser humano pode estar inclinado a pôr termo à sua vida. Se me for permitido fazer aqui um pouco de diletantismo filosófico, gostaria de empregar um termo kantiano: qual é o «pressuposto da possibilidade» do estado de frustração existencial? Ou ainda, em termos mais simples: de que base prévia de motivações humanas temos de partir para podermos, pelo menos, estudar o sentimento de ausência de sentido, e até compreendê-lo e curá-lo?

Pessoalmente, penso que tal situação só é possível se aceitarmos que o ser humano, no fundo – e portanto *essencialmente,* ou pelo menos *originariamente* – se move e é motivado por uma «vontade de sentido», como costumo chamá-la. Noutras palavras: essa frustração mundialmente difundida, que caracterizamos como vazio existencial, só se compreende dentro do contexto de uma teoria motivacional que mostre o homem como «um ser em busca de sentido», um ser que quer encontrar para toda a sua existência e para cada situação no interior da mesma um sentido – e que depois quer realizá-lo.

Talvez lhes ocorra, nesta altura, um contra-argumento: «Mas, prof. Frankl, isso é idealismo; a sua argumentação não tem fundamento objetivo. O senhor está expondo a sua opinião pessoal. O senhor está sobre-estimando o ser humano e (este é justamente o ponto que hoje se considera mais perigoso) exigindo demais dele».

A uma afirmação dessas só posso responder que, quando há três anos comecei a ter aulas de voo para aprender a pilotar, o meu instrutor fez este comentário a respeito de um voo que íamos fazer: «Se decolarmos daqui e quisermos pousar exatamente ao norte, com um vento leste de 20 nós, não podemos ajustar a bússola para 90°. Precisamos dirigir o nariz do avião para 70° NO, e assim nos dirigiremos exatamente para o norte. Se embicássemos para 90°, acabaríamos derivando para 110° por causa do vento».

Este exemplo deixa claro o motivo pelo qual atribuo ao ser humano motivações elevadas. Se me dizem que o estou sobre-estimando e exigindo-lhe demasiado, respondo: «Não. Somente o estou dirigindo para uma direção em que pode pousar». Se exigirmos do homem o que ele *deve* ser, faremos dele o que ele *pode* ser. Se, pelo contrário, o aceitarmos *como é,* então acabaremos por torná-lo pior do que é. Quem me disse isto não foi o meu instrutor de voo; é uma citação quase literal de Goethe. Portanto, este idealismo – se é que se trata de idealismo – é, no fim das contas, o único realismo verdadeiro.

Vejamos ainda uma outra comprovação: a principal instituição de estudos psiquiátricos dos Estados Unidos, o National Institute of Mental Health, realizou durante cerca de dois anos, em conjunto com o mundialmente conhecido Hospital John Hopkins, de Baltimore, uma pesquisa com oito mil estudantes de mais de cinquenta universidades americanas. Na Europa, pensa-se geralmente que os americanos só têm interesse em acumular dinheiro, *to make a lot of money.* Mas os resultados da mencionada pesquisa indicaram que, se efetivamente 16% dos estudantes entrevistados tinham como finalidade principal das suas vidas «fazer dinheiro», mais de

78% tinham como a mais profunda aspiração da sua vida «*to see a meaning and purpose in my life*» – encontrar um sentido e uma finalidade para a sua vida.

Apesar de tudo, ainda há gente que diz que estou sobre-estimando o ser humano. Afirmo que não podemos sobre-estimá-lo demais; podemos, sim, destruí-lo, principalmente se só lhe servirmos falsas ou meias verdades. Se eu medir a pressão arterial de um paciente e o resultado for 160, não posso responder-lhe, quando me pergunta como estão as coisas: – «Bem, está um pouco alta demais». Eu estaria mentindo, porque a ansiedade provocada pela minha resposta já teria elevado a sua pressão para 180. Se, pelo contrário, lhe responder: – «Ora, está praticamente normal», ele se sentirá aliviado («Graças a Deus! Já estava pensando que ia ter um derrame...»), a sua pressão cairá para 140 e, no fim das contas, o que lhe respondi terá sido a verdade.

Quando os meios de comunicação consideram o ser humano estúpido demais para poderem servir-lhe alguma coisa de substancial, estão a caminho de estupidificá-lo. Aliás, esta é a melhor maneira de fazer do homem um ser estúpido: não tomá-lo a sério, *subestimá-lo*. Muitos idiotas (no sentido clínico da palavra) só o são porque algum psiquiatra, décadas atrás, os diagnosticou erradamente como idiotas; uma vez considerados incapazes de aprender, permaneceram idiotas – ou, melhor, tornaram-se tais. Esta é a dialética da confrontação com verdades reais ou aparentes.

Para não estender excessivamente estes exemplos, vejamos apenas mais um. No ano passado, a American Psychological Association organizou um congresso gigantesco em Montreal, no Canadá. Numa das manhãs, realizou-se um simpósio sobre logoterapia, e um dos trabalhos apresentados versou sobre «Logoterapia e administração de empresas».

Efetivamente, os administradores americanos foram os primeiros a lançar mão de uma teoria motivacional baseada na «vontade de sentido», e chegaram também a concluir que toda a problemática relacionada com o trabalho só pode ser modelada, e até mesmo compreendida, se se partir do princípio de que o ser humano busca em todas as coisas – e portanto também no trabalho – uma finalidade, um sentido. Há muitos estudos e dissertações já publicados sobre as frustrações da vontade de sentido no trabalho, e da teoria motivacional logoterapêutica puderam-se extrair novos métodos de gerenciamento. Um dos participantes daquele simpósio chegou a comentar que conviria aplicar esses princípios ao governo do seu país.

Um «experimentum crucis»

Há ainda um outro argumento, mais decisivo, um verdadeiro *experimentum crucis,* um teste – no sentido mais amplo possível da palavra – que não resulta de uma situação experimental artificialmente criada, mas de uma situação-limite do ser humano. Refiro-me aos campos de concentração e de prisioneiros de guerra. Afinal de contas, foi esta a lição que pude aprender pessoalmente – ou, melhor, tive de aprender – em Auschwitz e em Dachau: isto é, que aqueles reclusos que se orientavam na direção de um futuro que de alguma forma esperava por eles, que tinham uma tarefa futura a realizar, eram os que apresentavam maiores probabilidades de sobrevivência[2].

---

(2) «Quem já não consegue acreditar no futuro – no seu futuro – está perdido no campo de concentração. Juntamente com a esperança no futuro, essa pessoa perde o apoio espiritual, deixa-se "cair" interiormente e decai física e psiquicamente [...].

«Certa vez experimentei de forma dramática a importância da relação entre esse perigosíssimo entregar os pontos, esse "deixar-se cair", por um lado, e a perda do viver em função do futuro, por outro. O chefe do meu bloco, um estrangeiro que tinha sido outrora um compositor musical bastante conhecido, disse-me certo dia: "Doutor, gostaria de lhe contar uma coisa. Há pouco tempo tive um sonho curioso. Uma voz me disse que eu poderia expressar um desejo, que poderia perguntar-lhe qualquer coisa que gostasse de saber, e ela me responderia à pergunta. Sabe o que lhe perguntei? Quando é que a guerra terminaria para mim. Sabe o que quero dizer: para mim! Isto é, queria saber quando seríamos libertados do nosso campo de concentração, ou seja, quando terminariam os nossos sofrimentos". Perguntei-lhe quando tivera esse sonho. "Em fevereiro de 1945", respondeu-me. Estávamos no começo de março. "E que lhe disse a voz?", continuei. Bem baixinho, segredou-me: "Em trinta de março..."

Psiquiatras militares de todo o mundo chegaram posteriormente a esta mesma conclusão, observando os campos de prisioneiros do Japão, da Coreia do Norte e de outros lugares. Durante o semestre de inverno do ano passado, em San Diego, encontravam-se entre os meus alunos dois oficiais militares que haviam passado respectivamente seis e sete anos numa prisão do Vietnã do Norte. Numa discussão em grupo, confirmaram – pela experiência própria e pelas observações que tinham tido

---

«Quando este meu companheiro me narrou o seu sonho, estava ainda cheio de esperança, convicto de que se cumpriria o que aquela voz lhe anunciara. Mas a data profetizada aproximava-se cada vez mais e as notícias sobre a situação militar, na medida em que chegavam ao nosso campo, faziam parecer cada vez menos provável que a frente de batalha de fato nos trouxesse a liberdade ainda no mês de março. Deu-se então o seguinte: em vinte e nove de março aquele companheiro foi repentinamente atacado de febre alta. Em trinta de março, no dia em que, de acordo com a profecia, a guerra e o sofrimento chegariam ao fim, ele entrou em delírio e finalmente em coma... No dia trinta e um de março estava morto. Falecera de tifo exantemático [...]. «Este caso isolado e as conclusões dele tiradas coadunam-se com outra observação para a qual o médico-chefe do nosso campo chamou a minha atenção certa vez. Na semana entre o Natal de 1944 e o Ano Novo de 1945 irrompeu uma mortandade jamais vista anteriormente no campo de concentração. O médico-chefe foi da opinião de que as causas da mesma não residiam num agravamento das condições de trabalho ou de alimentação, numa eventual alteração climática ou mesmo em novas epidemias. A causa devia ser procurada exclusivamente no fato de a maioria dos prisioneiros ter-se entregado à habitual e ingênua esperança de estar de volta a casa já para o Natal. Como, porém, as notícias dos jornais fossem tudo menos animadoras, ao aproximar-se aquela data, os reclusos foram tomados de desânimo e de decepção gerais, cuja perigosa influência sobre a capacidade de resistência dos prisioneiros se manifestou justamente naquela mortandade em massa» (Viktor Frankl, *Em busca de sentido: um psicólogo no campo de concentração*, 32ª edição, Sinodal, São Leopoldo, 2008, págs. 94-96).

ocasião de fazer entre os seus colegas de prisão – que a vontade de sentido tem um elevado *survival value*, um alto «valor de sobrevivência» para o indivíduo.

Esta conclusão aplica-se, pois, a toda a humanidade e abre-nos um panorama imenso para o trabalho a favor da paz mundial. Será um trabalho muito mais frutífero, estou certo disso, do que o eterno falatório acerca de «potenciais defensivos», pois ficar ruminando constantemente clichês desse tipo só leva a pensar que a violência e a guerra fazem parte do destino da humanidade, o que simplesmente não é verdade. O ser humano, ao fim e ao cabo, só pode ter fundadas esperanças de sobrevivência se, mais cedo ou mais tarde – queira Deus que mais cedo –, conseguir chegar a um denominador comum axiológico, moral, isto é, se chegar a ter valores comuns, tarefas comuns e esperanças comuns; quer dizer, em resumidas contas, se se unir por uma *vontade* coletiva que o conduza a um *sentido* coletivo.

Carolyn Sherif, uma professora americana de sociologia e psicologia, tornou-se famosa por ter conseguido comprovar experimentalmente a primazia do sentido sobre os demais fatores psicológicos. Na sua pesquisa, alguns psicólogos jovens participaram de um acampamento de escoteiros sem revelarem a sua condição, e induziram três grupos a desenvolver uma certa agressividade entre si, naquele caso mediante competições esportivas. Aliás, diga-se de passagem, essas competições não constituem nenhuma *catarse* ou «liberação», mas vão acumulando agressividade; o fato está mais que comprovado, ainda que seja tabu dizê-lo. Mas, voltando ao que dizíamos, em determinado momento a rivalidade entre os grupos desapareceu por completo: foi quando o carro que trazia os mantimentos atolou na lama. Todos tiveram que unir-se no esforço comum por tirá-lo do lodaçal, e imediatamente desapareceu qualquer agressividade mútua entre aqueles jovens.

A autotranscendência

A vontade de sentido constitui, em meu entender, um dos aspectos básicos de um fenômeno antropológico fundamental a que dou o nome de *transcendência de si mesmo.* Esta autotranscendência do existir humano consiste no fato essencial de o homem sempre «apontar» para além de si próprio, na direção de alguma causa a que serve ou de alguma pessoa a quem ama. E é somente na medida em que o ser humano se autotranscende que lhe é possível *realizar-se* – tornar-se *real* – a si próprio.

Esta tendência pode ser observada até nos fundamentos biológicos do homem, coisa que eu gostaria de esclarecer mediante uma analogia à primeira vista paradoxal. A capacidade que o olho tem de perceber o mundo que o cerca depende diretamente da sua incapacidade de perceber-se a si mesmo. Quando é que o olho é capaz de enxergar-se, se prescindirmos do espelho? Somente quando está afetado de catarata: neste caso, não vê senão nuvens, enxerga apenas a sua própria doença; ou, se vir ao redor de uma fonte de luz como que uns círculos irisados, estará vendo o seu próprio glaucoma. Sempre que puder olhar para si mesmo, será porque está com a capacidade visual prejudicada. O mesmo se pode dizer do ser humano como um todo: a existência humana se distorce na mesma medida em que gira em torno de si própria, em torno de alguma coisa que esteja dentro dela ou a ela ligada.

Assim como o olho são tem que ser capaz de não reparar em si próprio, o ser humano – se quiser ser realmente humano – tem de ser capaz de passar-se por alto. Tem que ultrapassar-se, esquecer-se de si próprio, dedicar-se com um autoesquecimento positivo a uma tarefa ou a uma pessoa. E é somente na medida em que o faz – pois é patente que nem sempre o faz –, que se torna humano e se torna inteiramente ele mesmo.

Fica claro, portanto, que a autorrealização é essencialmente um *efeito colateral* da plenitude de sentido, da transcendência de si mesmo. Por outro lado, é óbvio que este fato choca frontalmente com todas as teorias motivacionais com que somos bombardeados a toda hora. Por exemplo, aquela que afirma que o homem não passa de um ser dotado de instintos que tem de satisfazer, e que o mundo, os outros no mundo e as coisas do mundo não servem senão para permitir-lhe a satisfação desses instintos.

Se olharmos detidamente, veremos que semelhante atitude nada tem a ver com a atitude humana real e verdadeira. Efetivamente, por natureza, nós não procuramos alguma coisa ou pessoa por causa de nós mesmos, mas por causa dela, por aquilo que ela é. A teoria motivacional corrente, já superada, ainda se apega ao velho conceito da «homeostase» – do *equilíbrio* interior dos instintos como estado ideal da pessoa –, que tomou de empréstimo à biologia. Afirma que o homem trata de satisfazer os seus desejos e instintos somente para livrar-se de tensões, para estabelecer esse equilíbrio interior. Mas este conceito já não é aceito nem mesmo na biologia: Ludwig von Bertalanffy pôde provar que era falso, e, ao menos como princípio fundamental, encontra-se hoje inteiramente desacreditado.

Kurt Goldstein, patologista cerebral, provou há algum tempo que somente um cérebro doentio busca a qualquer preço o equilíbrio das suas tensões. Allport, Maslow e Charlotte Bühler provaram que, nas pessoas sadias, a ação tende antes a acumular tensões internas do que a descarregá-las. O ser humano, com efeito, necessita – dentro de limites bem dosados, naturalmente – de uma tensão fecunda entre dois polos: entre aquilo que ele *é* e aquilo que ele *deve ser;* necessita da tensão existencial entre o *ser* e um sentido que ainda *está por realizar.*

O biólogo e fisiologista canadense Selye, que introduziu o termo *stress,* escreveu há pouco tempo: «*Stress is the salt of life»,* estresse é o sal da vida... O homem necessita de um «estresse» dosado, como constatou também esse cientista.

Os caminhos de fuga

Uma das minhas doutorandas em logoterapia da Universidade de Viena, que hoje reside e trabalha na República Federal da Alemanha, pôde estabelecer estatisticamente que no Wurschtelprater de Viena, um parque de diversões da capital austríaca, o índice de frustração, de vazio existencial, é significativamente mais alto do que na média da população vienense. Isto significa que as pessoas que se sentem frustradas na sua vontade de sentido tendem a refugiar-se em diversões baratas.

Esta constatação sempre me faz recordar aquela piada americana: um certo Mr. Jones encontra o seu médico na rua.

– Como está passando esta manhã, sr. Jones?

O sr. Jones dá mostras de não o entender.

– Como está o senhor?!

– Como vê, dr., não estou ouvindo bem.

– Não será que o senhor anda bebendo demais?

– Pode ser.

– Deixe de beber, que a sua audição melhorará.

Dois meses depois, voltam a encontrar-se na rua, e o médico pergunta em voz bem alta:

– Como está passando?

– Sr. dr., não precisa gritar tanto, estou ouvindo otimamente agora.

– Então certamente o senhor deixou de beber.

– Sim, é verdade.

– Pois muito bem, continue assim.

E depois de mais dois meses:

– Como está passando hoje, sr. Jones?

– Como?

— Estou-lhe perguntando como é que está!

Só à terceira tentativa é que o paciente conseguiu ouvi-lo.

— Pois é, o sr. vê, dr., a minha audição piorou de novo.

— Mas o sr. voltou a beber?

— Bem, o caso é o seguinte: no começo, eu bebia e ouvia mal. Aí parei de beber e passei a ouvir melhor. Mas o que eu ouvia não era tão bom como o uísque...

Na falta de uma resposta para a sua vontade de sentido, o ser humano refugia-se na vontade de prazer.

A inflação da sexualidade

Além dos fenômenos já citados de *depressão, agressão* e *adição,* poderíamos ainda estabelecer um quarto: a *inflação,* a inflação da sexualidade. O instinto sexual hipertrofia-se facilmente, tendendo a ocupar o espaço deixado pelo vácuo existencial.

Como todas as inflações, também a inflação sexual anda de braço dado com uma *desvalorização*: hoje em dia, a sexualidade vai-se desvalorizando na mesma medida em que se vai desumanizando. Ouso afirmar que a sexualidade *humana* é sempre muito mais do que mera sexualidade, pois é o veículo, a encarnação, a expressão física de relações metassexuais entre determinadas pessoas. É o meio de expressão do amor, se quisermos exprimi-lo nesses termos, e é somente na medida em que é veículo desse amor que se torna verdadeiramente humana. Mais ainda: é somente então que pode realmente contribuir para a felicidade e para a paz do indivíduo.

Há já muito tempo que estas afirmações são fatos empiricamente comprovados, mas também elas são tabu. Uma importante revista americana, *Psychology today*, verificou, após uma pesquisa de opinião entre vinte mil dos seus leitores, que a imensa maioria deles indicava como principal meio de maximizar o prazer derivado do sexo uma *relação de amor* entre o casal. Não é verdade que, no fundo, são paupérrimas as pessoas que, levadas pela doutrinação reinante, pensam que o amor não existe, que tudo é sexo? Ou, nas palavras de Freud, que o amor não passa de sexualidade reprimida?

Quanto mais valor o homem e a mulher atribuem ao prazer, quanto mais veneram a vontade de prazer, ou quanto mais diretamente procuram o prazer – a mulher o orgasmo, o homem a potência –, nessa mesma medida tornam-se frígidos e impotentes. Estou inteiramente convencido – e aliás poderia prová-lo com facilidade – de que 90 a 95% de todas as anormalidades de potência ou de orgasmo se devem à hiper-intenção e à hiper-reflexão do desejo sexual. Costumo dizer aos meus estudantes: quanto mais caçamos o desejo, mais o afugentamos. Aliás, cada um de nós sabe que, quanto maior a crispação com que se procura a felicidade, mais ela se esconde[3].

Modernamente, podemos acrescentar à hiper-intenção dois outros elementos geradores de problemas neste campo: a *peer pressure* e os *pressure groups*. A «peer pressure», a pressão exercida pelo ambiente social a que o indivíduo pertence, consiste na excessiva importância atribuída hoje em dia ao *desempenho,* também no âmbito sexual: «Você *tem que* ser potente», «*precisa* ter tantos orgasmos por dia» etc. A pessoa sente-se praticamente compelida a ter relações sexuais, porque isso conta muito para ser reconhecida e valorizada entre os seus colegas.

A este «princípio do desempenho», que por si só já deforma a sexualidade dos jovens que a ele se submetem, acrescenta-se ainda o efeito dos «pressure groups», dos grupos de pressão: a *big industry* e o *big business,* a

---

[3] «O que provoca distúrbios na potência sexual e no orgasmo é precisamente o fato de os indivíduos os tomarem *por objeto* da sua atenção ou intenção. É a isto que nos referimos em logoterapia ao falarmos da hiper-intenção e, paralelamente, de hiper-reflexão» (Viktor Frankl, *Psicoterapia e sentido da vida*, 6ª edição, Quadrante, São Paulo, 2016, pág. 398).

indústria do sexo, a indústria da «libertação sexual» e do «esclarecimento» – a dança ao redor do porco dourado. Este é o grande negócio. Lança-se mão dos *hidden persuaders,* dos «quinta-colunas»: professores, colegas, médicos – «você precisa estudar manuais sobre técnicas sexuais», «você precisa andar informado», «você precisa libertar-se de preconceitos»...

Os promotores dessa indústria defendem-se, como é óbvio, contra toda e qualquer ingerência nos seus negócios. São campeões da democracia, lutam pela liberdade de imprensa e são contrários a qualquer tipo de censura; mas, no fundo, o que querem é a liberdade de fazer dinheiro, de comerciar à custa dos outros, e para este fim, o comércio é disfarçado de «arte», de «educação», de «esclarecimento».

Por outro lado, sempre me intrigou muito que a juventude atual, que com tanta razão se revolta contra todo tipo de hipocrisias no campo sexual, coopere tão facilmente com semelhante hipocrisia dos negociantes e até transija tão docilmente com essa submissão servil aos interesses capitalistas.

O comportamento amadorístico neste campo – *l'art pour l'art,* a arte pela arte –, o sexo praticado por divertimento, sem a menor referência à relação entre pessoas que se esconde por trás dele, é classificado pela escola psicanalítica como uma «regressão». O curioso é que sejam justamente as pessoas que se consideram mais progressistas as que glorificam uma atitude regressiva...

Pode-se *dar* sentido?

Como sou psiquiatra, gostaria de abordar agora o aspecto terapêutico. É possível dar às pessoas existencialmente frustradas um sentido para a sua vida? Não, não podemos fazê-lo; aliás, a pessoa menos capacitada para fazê-lo é justamente o psiquiatra. Não sabemos qual o sentido da vida do nosso paciente, e não temos nenhum dos três atributos divinos. Não somos oniscientes, pois não conhecemos sequer a verdadeira causa da esquizofrenia. Não somos onipotentes, pois até hoje não fomos capazes de curar efetivamente a esquizofrenia. Ah, mas temos pelo menos um dos atributos: somos onipresentes – não há um simpósio ou ciclo de conferências do qual não participe algum psicólogo...

Não temos, pois, a resposta para a pergunta que formulava acima. Podemos, quando muito, tentar compreendê-la. E eu começaria por ressaltar que não é possível *dar* sentido, mas somente *encontrar* o sentido.

O sentido de uma pessoa, coisa ou situação, não pode ser dado. Tem que ser encontrado *pela própria pessoa* – mas não *dentro dela,* porque isto iria contra a lei da autotranscendência do existir humano. Para não entrarmos agora no campo filosófico (é verdade que eu tenho também um título de doutor em filosofia, além daquele que tenho em medicina; mas procuro sempre escondê-lo, porque não haveria um só vienense que dissesse: «O Frankl é duas vezes doutor»; diria apenas: «O Frankl é meio médico»...); para não entrarmos no campo filosófico, dizia, e nos limitarmos à psicologia, basta mencionar que esse «encontrar o sentido» está em estreita relação com a percepção da realidade – *Gestaltwahrnehmung* – no sentido meramente psicológico. Max Wertheimer e Kurt Lewin, os fundadores da moderna teoria da forma, da *Gestalt,* falam de um «caráter de desafio» inerente a cada situação concreta. E Wertheimer atribui a esse «desafio da situação» uma «qualidade objetiva». Ou seja, o seu sentido é *objetivo*. É por isso que só se pode *encontrar* o sentido: porque ele é objetivo; não podemos atribuí-lo ao nosso bel-prazer.

Não se trata, portanto, de *injetar* sentido nas coisas, mas sim de *extrair* o sentido delas, de captar o sentido de cada uma das situações com que nos defrontamos. Olhada deste ponto de vista, a vida não se assemelha àquele «teste de Rorschach», em que o indivíduo recebe uma folha cheia de manchas de tinta e deve dizer que figura elas lhe sugerem, a fim de que essa figura, projetada pelo âmbito subjetivo da pessoa, forneça ao psicólogo algum indício sobre o caráter e o inconsciente da pessoa em observação. A vida assemelha-se antes a um quebra-cabeças, em que é preciso achar a figura do ciclista; temos que virar o desenho de um lado para outro, até acharmos a sua silhueta, escondida de cabeça para baixo entre as árvores atrás da capela. Ele *está lá*: é uma realidade objetiva.

O sentido é, pois, uma silhueta que se recorta contra o fundo da realidade. É uma possibilidade que se destaca luminosamente, e é também uma necessidade. É aquilo que *é preciso* fazer em cada situação concreta; e esta possibilidade de sentido é sempre, como a própria situação, única e irrepetível.

Mas o assunto não se esgota aqui. Porque o sentido de uma situação, se o encontrarmos e efetivarmos, torna-se *real* de uma vez para sempre. Aquela possibilidade de sentido que se nos apresentava *hic et nunc,* aqui e agora, no momento passageiro, pusemo-la a salvo no cofre-forte do passado. O «ser passado» é também uma forma de ser, e talvez a mais segura. Tudo aquilo que realizamos e criamos fica guardado, conservado no interior do passado. Encontra-se imunizado contra a contingência, contra o desgaste do tempo.

Este fato é justamente um dos melhores argumentos concretos que podemos apresentar aos pacientes que sofrem de vácuo existencial. Ninguém pode roubar-lhes o que viveram, o que sofreram, o que enfrentaram com retidão e honestidade. Nada daquilo que criaram ou fizeram pode ser anulado. Tornou-se permanente.

Tão único e específico como a situação concreta é, pois, o sentido inerente a ela. E a pessoa que o busca em cada situação é igualmente única e irrepetível. Nas palavras do rabino Hillel, um dos iniciadores do *Talmude,* escritas há quase dois mil anos: «Se não eu, quem então? Se não agora, quando então? E se só para mim, quem sou eu?» Se não sou *eu* que o faço, quem o fará por mim? Se não o fizer *agora,* quando poderei fazê-lo? Deverei esperar até que passe a oportunidade? (Max Scheler fala neste contexto de «valores de situação»). E se somente o faço por *mim* mesmo, quem é que eu sou, em que é que me torno? Poderíamos responder a estas últimas questões: nesse caso, não sou totalmente humano, não sou totalmente eu mesmo. Porque é essencial ao ser humano a capacidade de transcender-se a si próprio em função de um sentido, e não em função do seu bem-estar interior.

O «órgão do sentido»

A unicidade e irrepetibilidade do sentido traz consigo também a impossibilidade de transmiti-lo por *tradição*. Os sentidos universais, a que poderíamos dar o nome de *valores,* são passíveis de transmissão; mas o sentido único de determinada situação tem de ser captado pela própria pessoa, também ela única.

Quanto ao «órgão do sentido» – não órgão sensorial – que lhe transmite esse sentido, que por assim dizer o «fareja» no interior de uma determinada situação, quereria chamar-lhe *consciência*. A consciência pessoal é, pois, o órgão do sentido. Numa época em que as tradições e os valores universais que elas encerram se vão esboroando, educar significa, portanto, no fundo e em última instância – e até diria, mais do que nunca – formar a consciência pessoal[4].

---

(4) Costuma-se definir a consciência – «geradora de responsabilidade» – como a capacidade que a inteligência humana tem de julgar acerca do valor moral dos próprios atos. O homem tende a perguntar-se, em cada situação concreta, qual é a forma de agir «correta», o que «deve» fazer aqui e agora; toda a sua ação é, portanto, uma resposta ao *sentido* que consiga captar naquela situação. O autor vem ao encontro desta definição ao afirmar que o homem tende por natureza a autotranscender-se em função do sentido, e não do bem-estar pessoal, e que esse sentido não pode ser atribuído, mas apenas captado na situação concreta. Para o homem de fé, na medida em que julga cada situação e cada ato à luz da lei moral, essa busca de sentido simplifica-se. A sua consciência, bem formada, levá-lo-á a detectar na situação concreta aquele sentido que a lei moral e os valores

É graças à minha consciência, à minha consciência atenta e bem formada, que eu me torno capaz de compreender o apelo ao sentido que cada situação me propõe; é graças a ela que me torno capaz de ouvir as questões que o dia a dia me formula, e é graças a ela que sou capaz de responder a essas questões empenhando a minha própria existência, assumindo uma *responsabilidade*. Os americanos nunca me levaram a mal por dizer-lhes que deveriam «complementar» a Estátua da Liberdade, situada na costa leste, com uma estátua da responsabilidade na costa oeste. Precisamos da consciência, geradora de responsabilidade, para tornar o homem de hoje capaz de encontrar o sentido hoje e amanhã, mesmo no caso de que pudessem desaparecer as tradições e os valores.

Uma consciência vivaz, portanto, mata três coelhos de uma só cajadada. Pois além do que já ficou dito, a consciência ainda nos permite escapar – ou resistir – àquelas duas consequências do vácuo existencial que apontávamos mais acima. O homem de consciência não se dobra diante do totalitarismo nem acei-

---

lhe revelam como o único adequado à natureza humana, criada por Deus e para Deus. Como afirma o Concílio Vaticano II, «a norma suprema da vida humana é a lei divina, eterna, objetiva e universal [...]. O homem percebe os ditames da lei divina mediante a sua própria consciência» (Decl. *Dignitatis humanae*, n. 3). Quanto mais claro e consciente for o conhecimento da lei divina, tanto mais reto e fácil será o juízo da consciência. Daí a necessidade de formá-la bem.

ta passivamente o conformismo. E é a sua consciência – somente a sua consciência – que lhe permite dizer «não».

Os valores são próprios do homem

Nós, os psiquiatras, não podemos «receitar» sentido. Mas podemos *descrever*, mediante a análise fenomenológica, o que se passa numa pessoa que encontra o sentido. E essa análise revela-nos um elemento a que gostaria de chamar «o óbvio ontológico pré-reflexivo»; ou seja, aquilo que o homem comum, o homem da rua, quer dizer quando fala de «ser homem», fazendo uso do seu senso comum, da sua *sapientia cordis*.

Refiro-me ao homem normal, àquele que não vagou durante anos de psicanalista em psicanalista e de divã em divã; ao homem que não sofreu por anos a fio a doutrinação dos cursos universitários de psicologia; à pessoa que sabe que o ser humano é mais do que o mero cenário de uma guerra civil entre *id, ego* e *super-ego,* para usar as certeiras palavras do bispo Fulton Sheen. O ser humano, efetivamente, é mais do que o simples produto de uns processos de aprendizagem condicionantes. É mais do que o resultado da interação entre ambiente e carga genética, mais do que o produto de umas relações de produção. E essa verdade, nós a sabemos no íntimo do nosso coração.

Trata-se, dizíamos, de descobrir em que é que consiste aquilo que é próprio do homem, esse seu «algo mais». Para fazê-lo, temos de descobrir como é que ele encontra o sentido. Aliás, é *somente* ele que nos poderá ensiná-lo; pois o homem comum é quem melhor sabe o que vem a ser o sentido da vida: sabe que pode encontrar e realizar – tornar real – um sentido na medida em que cria alguma obra ou vivencia alguma coisa ou alguma pessoa. E vivenciar uma pessoa – ou alguma coisa – significa amá-la; captar uma pessoa na sua unicidade e irrepetibilidade individuais é o mesmo que amá-la.

Muitas vezes, serão os nossos pacientes quem nos ensine aquilo de que o homem é capaz. O Hospital Billings, em Chicago, dispõe de um amplo material empírico a esse respeito, pois procedeu a um estudo em que alguns dos seus psicólogos conversaram com jovens de 20 a 25 anos que sabiam que iriam morrer daí a poucas semanas. A análise fenomenológica dos resultados dessas conversas apoia totalmente a hipótese de que há ainda uma terceira fonte de sentido, além da criação e do amor. Ou seja, mesmo quando somos vítimas de uma situação sem saída possível, quando nos defrontamos com uma doença incurável, por exemplo, mesmo então ainda estamos aptos a encontrar um sentido, e justamente o sentido mais elevado para a nossa vida. É nesses momentos que se põe à prova quanto valemos. São essas as situações que mais claramente permitem perceber aquilo que o homem é e aquilo de que só ele é capaz.

Pouco antes de morrer, Sigmund Freud escreveu a Lou Salomé, e dizia-lhe que não conseguia aceitar essa sua «existência ameaçada de despejo». Ela respondeu-lhe: o que importa é que «a maneira como alguém sofre conosco ou por nós se transforme num símbolo daquilo que podemos alcançar».

Esta trilogia, tricotomia ou tríade de possibilidades de sentido – os valores de criação, os valores de vivência e os valores de aceitação – trazem consigo a conclusão de que a vida tem sentido sempre, literalmente até o último suspiro, e um sentido incondicionado. Não pensem que esteja novamente a expor as minhas opiniões pessoais; há pelo menos quarenta dissertações sobre este assunto que vêm a dizer o mesmo; basta citar os nomes de Young, Crumbaugh, Kratovchil, Meier, Murphy, Planova, Yarnell, Dansart, Durlak e Ruch.

Nos Estados Unidos, chegou-se até a desenvolver um teste de avaliação dos assim chamados valores de aceitação. Esses estudos, lançando mão de recursos estatísticos, estabelecem sem a menor dúvida que o homem é capaz de encontrar sentido independentemente de sexo, inteligência, grau de cultura, da religião a que pertence, se a tem, e ainda independentemente das tendências do seu caráter e das características do seu ambiente. Algumas das constatações mais recentes neste campo provêm, em não pequena medida, de psiquiatras oriundos de países comunistas. Portanto, todo este assunto tem firmes bases empíricas.

É para mim uma grande alegria verificar que estas três categorias de valores, cuja classificação eu já tinha desenvolvido na década de vinte – de forma meramente intuitiva, como devo confessar para minha vergonha –, hoje possam ser testadas cientificamente; mais ainda: pode-se testar não somente a classificação, mas também a *hierarquia* existente entre as diversas categorias de valores. Ou seja, os valores permitem uma ascensão em direção a possibilidades de sentido mais elevadas. Gostaria de falar deste assunto de uma forma um pouco mais detalhada.

A dimensão do *homo patiens*

Normalmente, o homem move-se num plano horizontal, cujos polos são o *sucesso* e o *fracasso*. Esta é a dimensão do *homo sapiens,* que deseja ser bem-sucedido, seja como empresário, seja como «playboy». Mas há uma segunda dimensão, que se situa noutro plano, perpendicular ao primeiro. Gosto de chamar-lhe «dimensão do *homo patiens»*, a daquele que, mesmo diante de um sofrimento inevitável, consegue avançar até a plena realização do sentido da sua vida. Aqui os polos já não são o sucesso ou o fracasso, mas a *realização* e o *desespero*.

Não há dúvida de que se trata de uma dimensão diferente, e é importante que nos demos conta disso. Se não fosse assim, como poderíamos explicar que o prisioneiro n. 020640 da prisão de Baltimore – para não citar senão um único exemplo – me tenha escrito a Viena: «Sr. Frankl, com a idade de 54 anos, totalmente arruinado no aspecto financeiro e cumprindo pena de prisão, experimentei recentemente uma profunda mudança. Aconteceu certa noite, no silêncio desta minha cela em Baltimore. Fiz as pazes com o mundo e comigo mesmo. Encontrei o verdadeiro sentido da minha vida; o tempo somente pode adiar a sua plena realização, mas não impedir-me de alcançá-la. Como é maravilhosa a vida! Eu a bendigo. Mal consigo esperar que amanheça».

Quem escreveu isto foi um homem que se encontrava numa situação absolutamente desesperançada, na solidão da sua cela de presidiário. Em meio à ruína da sua

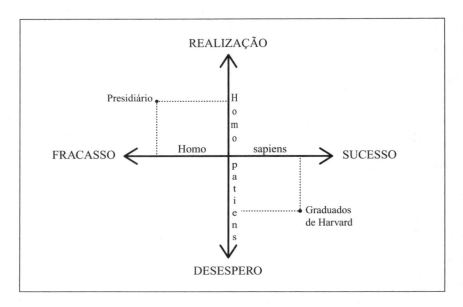

Dimensões do existir humano

vida, descobriu a realização. Como foi possível essa mudança? Só a podemos explicar pela diferença de plano entre as dimensões do *homo sapiens* e do *homo patiens*.

Um antigo assistente meu da Harvard University, von Eckartsberg, um germano-americano, analisou a situação de vinte profissionais que se tinham graduado naquela universidade vinte anos antes. Nesse meio tempo, tinham seguido carreiras brilhantes; entre eles havia advogados, juízes, industriais, cirurgiões, psicanalistas. Mas um grande percentual desses homens, vinte anos depois, afirmava não saber para que servira todo o seu sucesso. Alguns se diziam desesperados. Estavam numa crise de falta de sentido; encontravam-se mergulhados no desespero, apesar de todo o seu sucesso.

Assim compreenderemos melhor que, da mesma forma que o sucesso pode fazer-se acompanhar de desespero, a realização pode andar de mãos dadas com o fracasso. Os planos em que se movem essas duas categorias de valores são perpendiculares, contrapostos entre si. Aliás, a psicóloga Elisabeth Lukas chegou a comprová-lo estatisticamente.

O reducionismo mecanicista

Gostaria de abordar, por fim, ainda outro assunto: é que a educação, infelizmente, vem tendendo a fomentar o vácuo existencial, ao invés de diminuí-lo ou preveni-lo. Do ponto de vista comportamental, o seu papel está sendo, portanto, o de causadora de um *re-inforcement*, de um reforço dessa tendência.

A que se deve isto? À circunstância de a educação estar eivada de um *reducionismo*, que explica todos os fenômenos humanos num plano infra-humano, associado a uma espécie de pandeterminismo, como gosto de dizer. Nas palavras de alguns renomados especialistas americanos: «*Meaning and values are nothing but defense mechanisms and reaction formations»*, o sentido e os valores não passam de mecanismos de defesa e de formações advindas por reação. Ao que respondi, certa vez, de improviso: «Não estou disposto a viver em função das minhas formações de reação, e muito menos a pôr a minha vida em risco em prol de uns mecanismos de defesa».

Afirmações desse tipo nascem quando se quer a todo custo enfiar os valores humanos no leito de Procusto – ou no divã de Procusto – do psicologismo. Vejamos o caso de um jovem casal americano que trabalhou durante dois anos no *Peace corps,* na África. Quando voltavam para os Estados Unidos, passaram por Viena e conversaram com um dos meus assistentes, que não demorou a verificar que ambos estavam profundamente insatisfeitos com o seu trabalho.

Acabamos descobrindo que o problema tinha começado numas sessões de terapia de grupo a que os voluntários do *Peace corps* deviam submeter-se antes de viajar:

– Por que é que vocês querem ir para a África com o *Peace corps*?

– Gostaríamos de ajudar pessoas que estejam mais necessitadas do que nós.

– Ah, então vocês sentem-se superiores a essas pessoas, não é?

— Bem, obviamente precisamos ter conhecimentos e habilidades de que elas não dispõem e que deveremos transmitir-lhes.

— Ah, então vocês estão admitindo que no fundo do seu inconsciente há uma forte tendência que os força a mostrar a sua superioridade sobre as outras pessoas.

— Bem, nunca tínhamos encarado a coisa por esse lado. Mas, afinal de contas, o senhor é um psicólogo americano, e deve saber melhor do que nós como são essas coisas.

As sessões prolongaram-se por três meses. No fim do período de treinamento, o casal tinha chegado ao ponto de se vigiarem continuamente um ao outro, procurando os motivos ocultos que podiam estar por trás das suas ações — aquilo que os americanos chamam *hidden motivations*, motivações ocultas, ou *underlying psychodynamics*, psicodinâmica subjacente. Ou, por outras palavras, estavam cheios de suspeitas mútuas. O relatório que me foi encaminhado terminava assim: «Um estava constantemente policiando o outro. Que é que você realmente quis dizer com isso? Qual foi a sua verdadeira motivação inconsciente?»

Penso que Freud nos ensinou que é preciso desmascarar as motivações neuróticas. Mas penso também que há um limite para esse desmascaramento, e que o limite se encontra naquele ponto em que atingimos o que é genuinamente humano, aquilo que não mais pode ser desmascarado. Se não pararmos aí, certamente poderemos descobrir sempre novas coisas a desmascarar; mas estaremos apenas desvalorizando, reduzindo o que há de humano no homem. Uma psicoterapia que não leve em conta este aspecto não é capaz de compreender os sinais dos tempos, e muito menos de ajudar a resolver os problemas do nosso tempo.

A tríade trágica: sofrimento, culpa e morte

Voltemos por um momento ao começo, às palavras do chofer de táxi em Atlanta: depressão, agressão e adição – suicídio, criminalidade e dependência de drogas.

Um jovem que é induzido a pensar que a vida não tem sentido é apenas coerente com esse modo de pensar se cometer suicídio. E se também lhe dissermos, como bons pandeterministas, que não é livre, que não passa de um produto de determinadas circunstâncias internas ou externas – ou seja, que não é senão um fantoche que sapateia ao sabor de uns invisíveis fios externos ou internos –, então deixará também de ter responsabilidade; dou-lhe toda a razão, se faz o que bem entende. Pode tornar-se um criminoso – afinal de contas, que é que o impede? E, finalmente, se ainda lhe sussurrarmos que o homem é um ser que só existe para satisfazer as suas próprias necessidades, para atingir o seu equilíbrio interior, por que não deveria ele recorrer às drogas para ter uma «*instant homeostasis quite now*», um bem-estar imediato?

Como vemos, os jovens estão apenas sendo coerentes. Foram impelidos de forma coerente na direção dessa neurose coletiva pela doutrinação do reducionismo. Um modelo das motivações humanas extraído de experiências com ratos só pode, efetivamente, falsear todas as perspectivas, impedindo-nos até de compreender os problemas do nosso tempo. Não há rato que se pergunte sobre o sentido da sua vida. Rato algum é capaz de sacrificar a sua vida ou de aceitar o sofrimento por um valor cheio de sentido. Nem mesmo os gansos selvagens de Konrad Lorenz[5] são capazes disso...

---

(5) Konrad Lorenz (1903-1989), prêmio Nobel de Medicina e Fisiologia em 1973, foi professor de Psicologia Animal e Anatomia Comparada em Viena; é considerado «pai da etologia», ciência que trata do comportamento animal. Boa parte das suas observações foi feita sobre gansos selvagens. Em algumas das suas obras, aplica indiscriminadamente ao ser humano as suas teorias sobre o comportamento animal.

Tenho na minha frente a carta de um psicólogo em que me descreve como se sentiu quando tentava confortar interiormente a sua mãe, que estava morrendo. A citação é literal: «Foi para mim uma amarga experiência verificar que nada daquilo que eu aprendera nos sete longos anos de estudo de psicologia podia servir-me para facilitar à minha mãe a aceitação do seu duro e irrevogável destino. Nada, a não ser aquilo que aprendi mais tarde, ao seguir um curso sobre logoterapia, sobre o sentido do sofrimento e sobre a rica colheita que se encontra segura no passado».

Joyce Travelbee, uma professora americana, dedicou a esta temática um livro em que descreve como até as enfermeiras podem desempenhar um papel crucial para ajudar os pacientes a encontrar o sentido do seu sofrimento. Eu mesmo já cheguei a relatar, numa das minhas obras, um diálogo socrático improvisado que mantive com um velho médico que me veio procurar:

– Há dois anos que minha esposa faleceu; amava-a sobre todas as coisas, e ainda não consegui superar essa perda. Bem sei que o sr. também não me pode ajudar, e muito menos ressuscitar a minha mulher. Pois receitar-me algum calmante, isso até eu o posso fazer.

– Caro colega – respondi-lhe simplesmente –, diga-

-me apenas o seguinte: que teria acontecido se, em vez dela, tivesse sido o sr. a falecer primeiro?

– Isso teria sido horrível para ela. Teria sofrido muito.

– Como o sr. vê – acrescentei –, essa dor foi poupada à sua esposa, e foi o sr. que a protegeu do sofrimento, mas a este preço: agora tem de chorá-la e sofrer com a sua ausência.

Isso foi para ele um giro copernicano. Naquele momento, o seu sofrimento passou a ter um sentido: o sentido de um sacrifício.

Usando-se a teoria comportamentalista ou a psicanálise, é impossível chegar a essas dimensões. Um *behaviorista,* cujo nome prefiro não citar, publicou recentemente um artigo sobre depressões existenciais em que afirmava, a respeito de um caso de que tratou: «Quando o paciente em questão começava a ter dúvidas sobre a retidão da sua vida ou sobre o sentido que ela teria, era orientado a fazer uso do *thought-stopping*, uma técnica de tratamento comportamentalista; neste caso, o paciente, sempre que lhe viessem as tais dúvidas obcecantes, devia bater palmas». A pessoa batia palmas de cada vez que tinha dúvidas a respeito do sentido da sua vida... É grotesco.

Vejamos outro caso, publicado por um dos psicanalistas mais conhecidos, que relatou a sua conversa com uma paciente enferma de câncer. Dissera-lhe ela: «Sabe, doutor, não consigo aceitar que a minha vida agora tenha tão pouco sentido. Sou inútil, estou presa a esta cama. Isto é muito duro». O psicanalista não lhe respondeu que a dignidade de um ser humano ultrapassa de longe a sua utilidade para a comunidade; já seria um valor útil, mas ainda não seria dignidade. Também não lhe comentou que, se o único valor de um homem fosse a sua utilidade para o corpo social, ao fim e ao cabo estaríamos dando razão aos programas de eutanásia de Hitler. Não lhe falou da dignidade pessoal do ser humano, situada para além dos valores úteis, que nos dá a possibilidade de encontrar um sentido luminoso mesmo nos piores becos sem saída. Pelo contrário, esse eminente psicanalista limitou-se a dizer-lhe: «Veja, a senhora se engana ao dizer que agora está tudo mudado e que isso é terrível; que antes a sua vida tinha sentido, e agora não o tem. A sua vida nunca teve sentido. O contrário não passa de uma ilusão forjada por algumas pessoas, que os filósofos e os teólogos nos querem impingir. A vida não tem sentido. Nunca o teve. Portanto, a senhora não tem de que queixar-se. Não há diferença alguma entre a sua situação atual e a passada».

A conversa foi publicada por esse médico num livro sobre *the dying patient*, o paciente moribundo. Estava orgulhoso dela, e certamente continua a estar. Meus senhores, assim não é possível!

Certa vez, fui convidado a dar uma conferência aos presidiários da famosa e famigerada prisão de Saint Quentin, em San Francisco, e a conversar em particular com alguns deles. Enquanto visitava o presídio, um dos diretores pediu-me:

– Temos lá em cima o preso Aaron Mitchell, que amanhã cedo será executado na câmara de gás. O sr. não poderia dizer-lhe algumas palavras pelo microfone? (Os condenados à pena capital não podem sair da cela da morte.)

Imaginem a situação e a minha vergonha diante desse pedido. Mas eu tinha que dizer alguma coisa ao condenado, e acabei improvisando mais ou menos estas palavras:

– Sr. Mitchell, de alguma forma penso que posso compreender a sua situação. Afinal, também eu vivi alguns anos à sombra da câmara de gás. Mas, acredite em mim, mesmo naquela situação não duvidei em momento algum do sentido incondicional da vida. Ou a vida tem um sentido, e então ela o retém mesmo que vivamos um tempo relativamente curto; ou, se não o tiver, não o ganhará mesmo que vivamos toda a eternidade. Até uma vida falhada, cujo passado parece totalmente destituído de sentido, pode ainda ser preenchida de forma retroativa pela maneira como tomamos posição diante de nós mesmos e nos transcendemos a nós próprios nessa tomada de posição.

A seguir, contei-lhe a história da morte de Ivan Ilitch[6], de Tolstói, que torna tudo muito mais claro do que eu poderia fazê-lo. Tenho indícios de que fui compreendido, e não só por ele.

Para terminar, gostaria apenas de modificar um pouco umas palavras de Paul Dubois: também se pode ser um bom médico sem nada do que acabamos de ver. Mas, nesse caso, não nos deveríamos surpreender se apenas uma coisa nos distinguisse do veterinário: o número de patas da nossa clientela.

---

(6) Na novela de Tolstói, Ivan Ilitch, alto funcionário público, bem-sucedido na vida à força de tudo resolver «facilmente, agradavelmente, corretamente», vê-se de repente defrontado com a perspectiva de uma morte próxima e atroz, devido a uma enfermidade que os médicos não conseguem diagnosticar. A essa luz, descobre que toda a sua vida foi vazia e mentirosa, e passa a odiar-se a si próprio e aos seus familiares, tanto mais intensamente quanto mais se abeira da morte. Na última agonia, porém, descobre o sentido purificador da dor, que lhe permitirá redimir toda a sua existência malbaratada e perdoar aos que o cercam. Morre exclamando: «Então é isto! Que alegria!»

DISCUSSÃO

K. Limburg: Gostaria de saber como é que o sr. pretende medir e quantificar o grau de realização do sentido numa pessoa.

Não pretendo fazê-lo pessoalmente, mas isso já foi tentado por outros. Posso mencionar, por exemplo, Crumbaugh, Maholick e Lukas, etc. Já citei os testes PIL (*Purpose-in-life*) e *Logo*, que foram oficialmente validados e verificados de acordo com as regras da psicologia, mas que não pertencem ao âmbito do meu trabalho. De qualquer forma, sei que estão em andamento pelo menos oitenta projetos de pesquisa, no Japão e nos Estados Unidos, que se ocupam do tema a que o sr. alude.

K. Heidrich: Já aconteceu, e continua a acontecer, que algumas pessoas encontram o sentido da sua vida em ideologias desumanas, por exemplo no nazismo e nos modernos sistemas totalitários. Que se pode fazer nesses casos? Pois essas tendências, se pervertidas, costumam comprovadamente desembocar num abuso de poder de consequências esmagadoras.

Prof. Dr. J. Cervós-Navarro: Existem efetivamente atribuições de sentido não somente divergentes, mas até contraditórias, mesmo havendo um denominador comum transcendente. Não poderia resultar daí um conflito no interior de um mesmo ser humano?

Com relação à degeneração das ideologias em atos de violência, gostaria de citar o psicanalista americano Lifton, que no seu livro *History and human survival* escreveu: «*Men are most apt to kill or wish to kill when they feel overcome by meaninglessness*» – os homens costumam estar mais dispostos a matar ou a querer matar quando estão enredados numa situação de ausência de sentido. Não foram apenas alguns ministérios de Berlim que inventaram as câmaras de gás de Maidanek, Auschwitz, Treblinka; elas foram sendo preparadas nos escritórios e nas salas de aula de cientistas e filósofos niilistas, entre os quais se contavam e contam alguns pensadores anglo-saxônicos laureados com o prêmio Nobel. É que, se a vida humana não passa do insignificante produto da combinação acidental de umas moléculas de proteína, pouco importa que um psicopata cujo cérebro necessite de alguns reparos seja eliminado por inútil, e que ao psicopata se acrescentem mais uns quantos povos inferiores. Tudo isto não é senão raciocínio lógico e consequente. Mas a eutanásia só se torna lógica e consequente quando o homem passou a ser cínico e niilista.

Quanto aos conflitos ideológicos, devo pedir-lhes, antes de mais nada, que compreendam a minha situação como médico. O juramento de Hipócrates obriga-me a assumir uma posição de relativa neutralidade. Não cabe ao médico decidir o que é ideologia, onde ela começa e onde deixa de sê-lo. Aliás, lembro-me aqui de uma frase de Paul Valéry: *«Si nous jugeons et accusons, le fond n'est pas atteint»* – enquanto julgarmos e acusarmos, não teremos atingido o fundo da questão.

Preciso repetir, portanto, o que já afirmei anteriormente nesta exposição: que a última instância, para todos nós, só pode ser a nossa consciência pessoal.

É possível que ela se engane, e que em algum momento nos deparemos com a incerteza. Mas, apesar da incerteza, temos que arriscar-nos a dar o nosso aval à consciência, desde que efetivamente lhe tenhamos prestado ouvidos. E teremos sempre que arcar com a possibilidade de que, até mesmo no nosso leito de morte, não cheguemos à certeza absoluta de que aquilo a que dedicamos ou consagramos a nossa vida era realmente o caminho certo. Sempre existirá a possibilidade de termos sofrido de uma ilusão do sentido – não ilusão dos sentidos –, causada pelo nosso «órgão do sentido» – não órgão sensorial –, a consciência[1].

H. St. Puhl: Pensa o sr. que há alguma conexão entre a ingênua suposição de que tudo é possível e a incapacidade de encontrar sentido para a própria vida?

Considero excelente a pergunta. Penso efetivamente que há uma conexão profunda entre as duas atitudes. Como os srs. se lembram, afirmei anteriormente que o

---

(1) O autor pressupõe, como aliás já disse, que se pôs todo o empenho em formar bem a própria consciência e em prestar-lhe ouvidos. A possibilidade de erro sobre o sentido da totalidade da existência reduz-se na mesma medida em que a pessoa exerce «o dever e o direito de procurar a verdade em matéria religiosa, a fim de chegar por meios adequados a formar prudentemente juízos retos e verdadeiros de consciência» (Conc. Vat. II, Decl. *Dignitatis humanae*, n. 3). «Quanto mais prevalece a consciência reta – afirma ainda o Concílio –, tanto mais as pessoas e os grupos se afastam de um arbítrio cego e se esforçam por conformar-se com as normas objetivas da moralidade» (Const. *Gaudium et spes*, n. 16). Deste modo, a segurança subjetiva da consciência, a sua convicção sobre o juízo moral da vida e de cada ato, apoia-se cada vez com mais firmeza na certeza objetiva da verdade, nesse sentido *incriável* que o autor menciona na resposta seguinte.

sentido não pode ser dado, mas somente encontrado. Para dizê-lo de uma maneira mais clara: o sentido não pode ser fabricado ou pré-fabricado, e com isso quero dizer que não podemos *criar* sentido, mas somente *descobri-lo*. O que podemos criar, porém, é a falta de sentido, o absurdo; e é neste fato que reside, segundo me parece, a raiz dessa corrente da arte cênica representada pelo teatro do absurdo. Numa época em que já não se consegue encontrar o sentido incriável, as pessoas passam a considerar o absurdo como a única coisa que podem criar por si mesmas. Falo seriamente, e o assunto não é nem óbvio nem tolo. Fazemos um teatro do absurdo para podermos pelo menos embebedar-nos de falta de sentido. Porque esta, sim, pode ser fabricada; e a fabricamos *ad nauseam*.

Dr. D. Rhonheimer: Não poderia o psiquiatra, dada a sua experiência terapêutica, atribuir um valor concreto à palavra *sentido*? Além disso, não haverá diferentes níveis de conteúdo no sentido, algo como uma hierarquia de valores dos diferentes sentidos?

Já me referi anteriormente a uma hierarquia, a dos eixos perpendiculares. Mas, ao falar em sentido, eu tinha em mente o conceito mais estrito do termo, que é relativo a pessoas e situações, subjetivo mas também objetivo. É um sentido que se dá concretissimamente no *hic et nunc*, no «aqui e agora», e que só a consciência pode detectar.

Portanto, dois sentidos não podem colidir, entrar em conflito, pelo menos em princípio. O sentido é adimensional; se pensarmos num sistema de coordenadas, corresponderia a um ponto. Os valores, no entanto, podem entrar em conflito uns com os outros, pois são efetivamente «sentidos universalizados», que se estendem horizontalmente pela sociedade e verticalmente através da história. São sentidos projetados uns sobre os outros, portanto extensos e passíveis de colidirem uns com os outros ou de apresentarem interseções.

Aceitamos, por exemplo, o princípio: «Não furtarás», que efetivamente se aplica a milhões de situações. Mas pode ser que, numa situação determinada – num campo de concentração, digamos –, a atitude moral mais correta seja furtar ou, como se dizia na época, «organizar-se»[2]. Tomado em si mesmo, o princípio geral entra em con-

---

(2) No caso, como o próprio autor assinala, há um conflito mais aparente do que real entre os dois deveres. Diante de um direito natural mais básico, o direito à vida, a apropriação dos bens alheios necessários à subsistência deixa de ser um furto; aliás, tanto a moral como o direito legitimam essa apropriação. O autor menciona este aspecto na continuação da resposta, ao falar da diferença de plano dos valores.

DISCUSSÃO

tradição com outros valores, com outro mandamento. É aqui que intervém a hierarquia.

Aliás, não penso que na verdade os valores se interseccionem; penso que valores que parecem sobrepor-se, como círculos sobre um plano, no fundo não são círculos bidimensionais, mas como que umas esferas tridimensionais situadas em planos diferentes. É somente quando projetamos, a partir de um sistema de coordenadas tridimensional, que elas parecem sobrepor-se no plano fundamental. Por quê? Porque estamos prescindindo da terceira dimensão – aliás, é o que significa a palavra «projeção»: prescindir de uma das dimensões –, justamente aquela que evita toda a colisão. É somente quan-

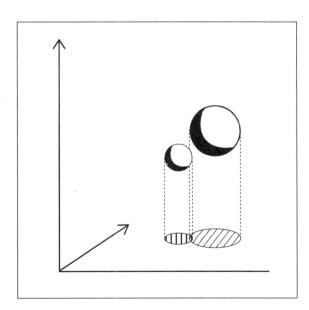

A projeção ou eliminação de uma das dimensões causa uma aparente sobreposição dos objetos estudados.

do nós ignoramos este fato que parece haver conflitos entre deveres.

H. Gaensslen: Os dados estatísticos parecem indicar que as pessoas que tentam cometer suicídio são originárias, na maioria, de um ambiente mais ou menos isento de problemas. Seria possível concluir daí que o ser humano necessita de um mínimo de sofrimento, dor, desgosto, frustração, e que, se não os receber de fora, tende a produzi-los internamente? Seria este um estímulo para a terapia?

Não é necessário sofrer para encontrar o sentido. Além disso, é somente o sofrimento imposto pelo nosso destino que traz em si possibilidades de sentido; quem sofre desnecessariamente não é heroico, mas masoquista. Por outro lado, o ser humano não consegue nem mesmo manter-se em perfeitas condições psico-higiênicas se nunca estiver sujeito a alguma tensão. O que não significa, porém, que deva sempre andar sofrendo.

A tensão, sim, é que é necessária. Não uma tensão excessiva, como é óbvio, mas uma tensão dosada. Quando um jovem é privado dela, como é normal por exemplo na *affluent society,* na sociedade do consumo e do bem-estar, certamente arrumará algum modo de obtê-la, de uma forma mais saudável ou menos saudável. A maneira mais saudável é o esporte. Numa sociedade em que o homem recebe tudo de graça, em que não precisa correr nem andar – pois sobe de elevador e anda de carro –, o esporte permite-lhe exigir-se, vencer-se, realizar alguma coisa que custe renúncia.

No congresso olímpico de Munique, há alguns anos, sublinhei que o esporte constitui uma forma moderna e secular de ascese, própria de uma sociedade secularizada. Esta afirmação, porém, só é verdadeira se a pessoa concorrer consigo mesma e não com os outros. A atitude correta fica bem caracterizada, não pela frase de Cassius Clay, «*I am the greatest*», eu sou o maior, mas por esta outra frase que podemos encontrar na peça *Judite e Holofernes*, de Nestroy: «Gostaria de saber quem é o mais forte: eu ou eu». Trata-se, portanto, de concorrermos conosco próprios para testar os limites do humanamente possível. Acabaremos descobrindo que, a cada passo que damos em direção a esses limites, eles recuam na mesma proporção. Não é à toa que se diz das escaladas de sexto grau – as mais difíceis – que estão «muito próximas dos limites do humanamente possível». Diga-se de passagem que sou montanhista, mas ainda não fiz nenhuma escalada de sexto grau.

O esporte, portanto, permite exigirmo-nos, jejuar um dia inteiro, em suma, dedicarmo-nos à ascese. Não há esporte sem ascese. Portanto, o esportista e, mais amplamente, o ser humano necessita de tensão. Se não a encontra, cria-a.

Dr. C. Wells: Parece-me uma pena que muitos médicos, sentindo-se de certa forma culpados por não conhecerem os procedimentos psicanalíticos, tenham passado a empregar uma coisa que chamam de «psicoterapia baseada na psicologia profunda», quando essa profundidade é muito duvidosa, seja por causa da imprecisão terminológica, seja por causa dos conceitos mecanicistas que se escondem por trás da psicologia profunda[3]. Numa das suas obras, o sr. se pergunta se não se deveria dar valor também às «alturas» na psicologia, e não só às «profundezas». Mas as alturas parecem não ter base, e as profundezas podem ser as de um pântano. A que agarrar-se? Ao menos, já me agrada muito que o sr. não procure tirar ao ser humano toda a «ingenuidade», a fim de que não perca a simplicidade.

Eu daria ainda mais um passo e formularia o assunto desta maneira: ao invés do que se pensa hoje em dia, o

---

(3) A psicologia profunda é uma corrente bastante ampla e confusa inspirada nas teorias de Freud, que tenta explicar todos os fenômenos psíquicos mediante determinados mecanismos de funcionamento do inconsciente.

DISCUSSÃO

contrário de psicologia profunda não é psicologia superficial, mas psicologia das alturas. É uma mistificação apresentar tudo o que não seja a assim chamada psicologia profunda como uma visão necessariamente superficial do ser humano.

Como o sr. bem diz, precisamos reconduzir os nossos pacientes a uma «segunda ingenuidade», da qual até Hattingberg pai já falou alguma vez; e fazemo-lo, por exemplo, mediante a técnica da derreflexão. Na logoterapia, empregamos essa medida terapêutica no tratamento não das neuroses noogênicas, resultantes da ausência de sentido, mas das psicogênicas, ao lado da técnica da intenção paradoxal, que hoje em dia já vem sendo amplamente empregada e louvada pelos psicanalistas e comportamentalistas, ainda que a interpretem à sua maneira[4].

Nesse sentido, eu distinguiria três estágios na história da psicoterapia. O primeiro é aquele, já citado, em que

---

(4) O método da intenção paradoxal é «uma técnica logoterápica baseada na sadia influência exercida sobre os pacientes que sofrem de fobias, quando estes tentam desejar precisamente aquilo que tanto temem [...]. "Hoje vou sair um pouco, para ter um ataque" – eis o que, a título de exemplo, tem que dizer a si mesmo um paciente, quando sofre de agorafobia (medo de lugares públicos)» (Viktor Frankl, *Psicoterapia e sentido da vida*, págs. 313-314).

Já o método de derreflexão, aplicado a casos de hiper-reflexão, consiste em conduzir o paciente a não se concentrar na observação de si mesmo, desviando a sua atenção para os outros, para algum objeto externo.

aprendemos a lição ensinada por Freud: é preciso desmascarar as motivações neuróticas, desnudar o paciente neurótico. O segundo é o da terapia comportamentalista, cuja principal realização gostaria de caracterizar como «desmitologização da neurose». Neste período, chegamos à constatação de que simplesmente não é verdade que todas as neuroses sejam devidas a traumas de infância ou a complexos ou conflitos inconscientes; e comprovamos que é absolutamente possível obter curas permanentes com métodos que nada têm a ver com traumas e complexos, em percentagens muito significativas. Os psicanalistas verdadeiramente progressistas dos Estados Unidos já sabem – e chegam mesmo a reconhecê-lo – que a psicanálise clássica só é verdadeiramente indicada para o tratamento de um número relativamente reduzido de casos de neurose.

Por sinal, o exagero que se fez em torno da teoria psicanalítica vem decrescendo há um bom tempo já. Segundo uma comunicação feita por Harold Kelman a um congresso de psicanalistas, em 1945 quase todos os psiquiatras jovens queriam tornar-se psicanalistas; em 1960, apenas um em sete queria seguir essa orientação, e em 1969 um em vinte. São *hard facts,* como dizem os americanos, fatos concretos que os psicanalistas não só admitem, como até vêm ressaltando.

DISCUSSÃO

Ao desmascaramento das neuroses e à desmitologização da neurose, segue-se agora o terceiro estágio: a reumanização da psicoterapia.

Prof. Dr. A. Zimmermann: Quando se é professor universitário, esbarra-se às vezes com um fenômeno estranho: o de muitos estudantes colocarem o sentido da sua vida precisamente em suportar a falta de sentido que nela veem. Não passará esta atitude de uma autoilusão, ou será que esses estudantes estão apenas repetindo como papagaios a «sabedoria de cátedra»? Como podemos ajudá-los?

Quem tem formação filosófica sabe que o niilismo heroico, iniciado por Sartre, afirma justamente que tomar aos ombros o absurdo da existência, a ausência de sentido da vida, é a nossa tarefa principal. Basta que nos lembremos de Camus. Pessoalmente, penso que a única coisa que efetivamente temos de aceitar, de tomar aos ombros, é a incompreensibilidade intelectual e racional do sentido último, daquilo que eu chamo «suprassentido». Este é um fato que temos de aceitar; faz parte da nossa *condition humaine*. O que não quer dizer, nem mesmo de longe, que o suprassentido, o sentido último, não exista.

Já discuti acerca deste tema com Konrad Lorenz. Numa época em que tanta gente afirma que a evolução não passa de mero acaso, que só a devemos a umas quantas mutações, a uns acontecimentos puramente casuais desprovidos de qualquer conexão de sentido entre si, que nela não existe finalidade alguma; numa época dessas, repito, não deveremos perguntar-nos se o plano da biologia é o único plano em que podemos observar a realidade? Não será possível que haja outro plano, perpendicular ao da biologia? Se o há, bem poderá ser então que neste outro plano, neste outro

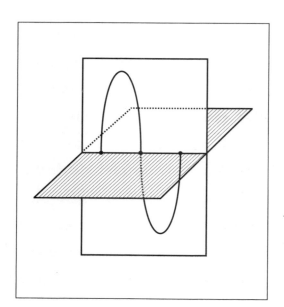

Visão pluri-dimensional. As realidades contidas num dos planos aparecem no outro somente como pontos de interseção.

sistema de coordenadas, existam sentidos mais ou menos elevados, que na reta de interseção apareceriam somente como pontos. Observadas deste ângulo, as mutações podem perfeitamente esconder uma teleologia, uma finalidade[5]. Eu lhe chamaria «teleologia negativa», para fazer um paralelo com a «teologia negativa», que não se propõe afirmar o que Deus é, mas apenas o que Ele não é.

Certamente não esperamos de Konrad Lorenz, nem o exigimos de nenhum dos estudiosos das ciências naturais, que mergulhem neste outro âmbito, que transcendam o plano das suas ciências, e depois nos digam: «Sim, é verdade, há um sentido». Mas podemos exigir-lhes isto: que não teimem em que só pode haver um ângulo – o seu – para observar a realidade, que só pode existir um plano único. Podemos exigir-lhes que se mantenham abertos e admitam a possibilidade de haver um outro plano.

Naquela conversa, eu disse a Konrad Lorenz: «Quando o sr. tiver chegado ao ponto de conceder que é fundamentalmente possível aceitar a existência de uma teleologia situada num plano diferente do meramente biológico, o sr. se terá tornado digno de um segundo prêmio Nobel:

---

(5) Cf. a este propósito Jorge P. Cintra, *Evolucionismo, mito e realidade*, 2ª edição, Quadrante, São Paulo, 2017.

o Nobel da sabedoria. Pois sabedoria é ciência mais o conhecimento das próprias limitações».

Quanto aos estudantes, posso dizer-lhe que em minhas conferências nos Estados Unidos tenho falado de *first aid*, de primeiros socorros para a frustração existencial. Podemos dizer a esses jovens desanimados: «Você tem a coragem de não aceitar simplesmente qualquer resposta que lhe ofereçam, mas quer adquiri-la por si mesmo, quer obtê-la pelo seu próprio esforço, pelo seu trabalho, quer achá-la sozinho. Mas essa sua coragem de duvidar não deve conduzi-lo ao desespero; ou seja, ela tem de estar associada à paciência, mesmo que você se veja obrigado a esperar a vida inteira antes de poder vislumbrar qualquer sentido para a sua existência. De qualquer modo, é melhor isto do que jogar fora a vida numa crise emocional passageira». Muitas vezes digo a pessoas deste tipo: «Quando o sr. se sentir vencido pelo desespero, pense apenas: Ora, isto não passa daquela sensação de absurdo que Jean-Paul Sartre descreve na página 598 ao alto. É coisa conhecida».

Uma objetivação deste tipo resulta num autodistanciamento psicoterapeuticamente positivo. Ao lado da autotranscendência do ser humano – sem a qual nem mesmo poderíamos compreender a neurose noogênica –, essa capacidade de distanciar-se de si mesmo constitui o segundo fenômeno antropológico fundamental para a logoterapia, que o aplica ao tratamento mediante a técnica da intenção paradoxal. Sem a existência dessa característica humana, o tratamento logoterápico das neuroses psicogênicas seria impossível.

Dr. G. Datené: Parece que Freud teria dito certa vez: «Nunca houve, no plano da Criação, a intenção de que o homem fosse feliz». Que pode tê-lo conduzido a essa concepção?

Se bem me lembro, foi Kant quem afirmou: «O homem quer ser feliz; no fundo, porém, o que se quer dizer com isso é que ele quereria ser digno da felicidade». Não me parece que o homem queira diretamente ser feliz; aliás, nem poderia querê-lo porque, dada a sua tendência para transcender-se a si próprio, o que ele busca diretamente é o sentido, a entrega de si mesmo, etc. Se achar o sentido, receberá prazer ou felicidade como um *efeito,* como resultado desse encontro. Mas se se sentir frustrado na sua necessidade de sentido, apontará diretamente para o prazer, o que por si só já constitui uma distorção neurótica da vontade de sentido, transformada em vontade de prazer; e se se entregar ao princípio do prazer, soçobrará totalmente. Pois ao concentrar-se na busca do prazer, que necessariamente tem de ser um efeito, perderá de vista simultaneamente toda e qualquer razão para ter prazer, todo e qualquer fundamento para ser feliz ou tornar-se feliz.

É daqui que decorrem os problemas de muitos dos nossos pacientes: aqueles que não se entregam um ao outro no ato sexual – ousemos dizê-lo: que não se entregam amorosamente –, mas que estão continuamente espreitando se experimentarão ou não prazer, acabam bloqueando esse mesmo prazer. Esta é razão pela qual indicamos a derreflexão no tratamento das neuroses sexuais.

Não estou fazendo nenhum sermão sobre moralidade; trata-se de fatos muito elementares, *down to earth*, rentes à terra, como dizem os americanos. O ser humano não tende ao prazer ou à felicidade, mas tende ao esquecimento de si mesmo, à entrega de si: a superar-se, a perder-se de vista. Por não levar em conta este fato, o homem chega a tornar-se sexualmente impotente, e a mulher frígida. Qualquer psicólogo pode constatá-lo diariamente nas suas consultas ou nos hospitais.

Os srs. quererão perguntar-me agora, deixando de lado a vontade de prazer de Freud: e que acontece com a ambição de Adler, com a vontade de poder?

O poder é meio para um fim. E da mesma forma que a vontade de prazer, a vontade de poder proclama a sua independência no momento em que a vontade de sentido se vê frustrada. Sem determinados pressupostos socioeconômicos, sem um certo grau de poder, não posso realizar o sentido da minha vida: preciso de dinheiro para estudar, para comprar livros; preciso de pessoas com quem me relacionar etc. Tudo isto não passa, porém, de meios necessários para a realização do sentido da vida, que é o fim. Mas se o homem não enxerga nenhum sentido, nenhum fim na sua vida, concentra-se na busca dos *meios*: no di-

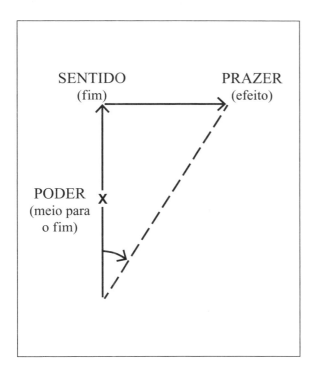

A vontade de sentido pode distorcer-se neuroticamente, transformando-se em vontade de prazer (busca direta do efeito), ou reduzir-se, transformando-se em vontade de poder (desistência do fim).

nheiro, na riqueza, no bem-estar, nos amigos influentes, no poder; ou concentra-se no *efeito* – no prazer, como já vimos.

Do ponto de vista estritamente clínico e prático, constata-se que, nos últimos tempos, algumas neuroses sexuais inteiramente novas se vêm originando a partir da interação entre as duas distorções que citamos acima; por exemplo, a *Oxford impotence*, a *new impotence* e outras. A sua causa, nos meios universitários, já não é o princípio do desempenho; a causa é que, na era da pílula anticoncepcional, na era dos movimentos de liberação, são as amigas e as colegas dos estudantes quem lhes *exige* um relacionamento sexual. E desse comportamento vem resultando um significativo aumento da impotência, em âmbito quase mundial.

> *Dr. E. Körmendy:* Que pensa o sr. da relação filosófica entre a orientação imanente e a transcendente do ser humano?

Certa vez, durante um almoço com professores da Harvard Theological School, a que estava presente Paul Tillich, cheguei a comentar esse assunto. Mencionei na ocasião o conceito dimensional-ontológico de que falávamos há pouco. Comentei também que, na condição de médico, parecia-me que eu tinha de me mover exclusivamente no plano antropológico, e que não me assistia o direito de entrar no teológico. Já sobram nos Estados Unidos teólogos que se metem amadoristicamente em psiquiatria e psicoterapia – aqui, diga-se de passagem, há-os também –, e eu não pretendo ser mais um psiquiatra a meter o nariz na teologia. Meu juramento hipocrático implica o dever de cuidar de que a logoterapia possa ser aplicada a qualquer paciente, também ao não religioso. E, por outro lado, os princípios logoterápicos devem poder ser aplicados por qualquer médico, mesmo que seja ateu. Espero, portanto, que o sr. compreenda a situação em que me coloca a minha profissão.

Tillich[6], naquela ocasião, quis saber que significaria essa «dimensão superior». Tratar-se-ia de uma dimensão situada para além do universo? Não. A meu ver, dimensão superior significa *per definitionem* uma dimensão mais abrangente. Um plano bidimensional é abrangido por um volume tridimensional. Da mesma forma,

---

(6) Paul Tillich (1886-1965), teólogo protestante, lecionou em diversas universidades alemãs e, depois de perseguido pelos nazistas, nos Estados Unidos. Sua principal linha de trabalho consistiu na harmonização entre a razão e a fé protestante mediante o assim chamado método da correlação.

a dimensão antropológica está contida numa dimensão superior, que abrange a inferior. Do ponto de vista dimensional-ontológico, portanto, não deveria haver conflito algum entre antropologia e teologia, porque a teologia é a dimensão mais abrangente.

Segue-se daí que, entre uma dimensão superior, mais abrangente, e uma inferior que o é menos, não pode haver nunca relações de mútua exclusão, mas somente de mútua inclusão. O «ser homem» do homem nunca pode entrar em conflito com o «ser animal» do mesmo homem. Mas o primeiro pode elevar e remodelar o segundo, como indica Nicolai Hartmann[7], ainda que não fale em dimensões. Consequentemente, o âmbito religioso pode elevar ou remodelar o âmbito secular, transportá-lo para uma dimensão mais elevada ou sacralizá-lo, mas nunca entrar em contradição com ele.

Prof. Dr. W. Ameling: Haverá na psicologia uma recusa consciente da orientação para Deus? Pensa o sr. que basta ao ser humano um sentido qualquer para a sua vida?

---

(7) Nicolai Hartmann (1882-1950) foi filósofo de tendência realista, tendo lecionado em diversas universidades alemãs.

DISCUSSÃO

Dr. D. Rhonheimer: Se o sentido da vida, em última análise, só pode ser alcançado se transcendermos a superfície da realidade, essa transcendência para a qual o sentido aponta tem de ser também uma realidade. Não se segue daí, necessariamente, que o «ponto de convergência» das possibilidades de sentido se situa, ao fim e ao cabo, fora do âmbito humano, e portanto se encontra ancorado num referencial religioso? Como podem a educação e a terapia levar em conta este fato? Não é Deus a única instância que pode dar a pessoas de qualquer cultura o único ponto de apoio duradouro e seguro? Não é Ele a única instância que pode explicar a existência de uma dimensão extra-humana? Não haverá uma logoterapia que possa e até deva incorporar a possibilidade e a realidade de Deus, se não com este nome, ao menos com este conteúdo?

A estas perguntas só posso responder acrescentando alguns elementos ao que já comentei acerca da conversa com Tillich. Em primeiro lugar: não basta um sentido qualquer. Para cada pergunta só há uma resposta, para cada problema existe, no fundo e em sentido estrito, uma só solução; da mesma forma, numa determinada situação só existe, para uma pessoa determinada, um único sentido, o sentido daquela situação. Não se trata, portanto, de um sentido qualquer, que eu poderia atribuir de forma mais ou menos arbitrária, mas de um sentido que eu responsavelmente encontro, extraio, «ouço» no apelo da situação.

Quanto ao outro ponto, isto é, o de saber se a psicologia renuncia a uma orientação para Deus... Veja bem: como médico e na situação de médico – a não ser que se desenvolva, como recomenda Paul Tournier, uma relação pessoal –, tenho a obrigação de me calar. Devo cuidar de que a porta que leva da imanência à transcendência permaneça aberta; não posso levantar barricadas diante dela, bloqueá-la, como se fez durante muito tempo. Se uma determinada escola psicoterapêutica afirma, fazendo uso das palavras do seu fundador, que a religião não passa de uma obsessão neurótica coletiva da humanidade, que Deus não é senão uma imagem paterna projetada, que a consciência se reduz simplesmente a uma imagem paterna introjetada – essa escola obviamente bloqueia a saída que conduz da imanência à transcendência. Mas, por mais que eu agora abra essa porta, contrariamente às teorias mais antigas, só uma pessoa pode escolher essa saída, só uma pessoa pode transpor esse umbral: essa pessoa é o próprio paciente, com aquela espontaneidade que é condição ineludível de toda a vida religiosa. Portanto, se a religião não é alguma coisa que o meu inconsciente me impõe, tampouco é alguma coisa que o meu médico me possa receitar.

Esta é a situação: a porta tem de estar aberta, mas é o paciente que tem de transpô-la. Parece-me que, em todo o caso, já avançamos bastante nesse sentido, pois hoje em dia os psicanalistas – pelo menos na sua maioria – já não bloqueiam mais a passagem com uma doutrinação psicologística, reducionista.

P. Prabudiningrad: É difícil aceitar que o sentimento de ausência de sentido possa ser a causa de um suicídio! Até que ponto podemos realmente afirmar que o homem dominado por um sentimento desses já não tem mais esperança alguma? Podemos considerar o sentimento de desespero e o sentimento de falta de sentido como simples sinônimos? Pode o homem que crê em Deus sentir-se repentinamente dominado por sentimentos de desespero ou de absurdo? Há relação entre a falta de fé e a sensação de ausência de sentido?

Terei de responder de forma extremamente sumária, infelizmente. Em primeiro lugar, é necessário reconhecer que são muito estreitas as relações entre fé e sentido. Entre o desespero e a sensação de falta de sentido existe, portanto, uma sobreposição. Já há vinte anos, o Dr. Plügge, um eminente psiquiatra e seu compatriota, pôde comprovar, mediante o estudo de quarenta e nove casos de tentativas de suicídio, que nem a doença, nem o sofrimento em qualquer das suas formas, nem os conflitos, nada disso constituía uma causa verdadeiramente relevante daquelas tentativas; em todos os casos pesquisados, a causa real era o desespero. O mesmo cientista, naquele contexto, definiu o desespero como uma vivência do absurdo.

Quanto à outra pergunta: se um homem que crê em Deus pode passar de repente por uma experiência de falta de sentido, penso que não podemos esquecer nem passar por alto um ponto em que, por razões óbvias, não quis insistir aqui, mas que sempre tive presente: uma depressão ou uma dúvida acerca do sentido não precisa necessariamente ser noogênica. Pode ser psicogênica, e com mais frequência somatogênica, originada pelo organismo da pessoa, como é o caso das depressões endógenas. Uma pessoa com uma depressão endógena não pode ser tratada mediante uma conversa em que lhe digamos: «O sr. é responsável por esse seu estado». Era só o que lhe faltava: no dia seguinte tentará come-

DISCUSSÃO

ter suicídio. Um paciente desses está sofrendo de um sentimento de culpa doentio; tem de ser tratado com medicamentos e, em casos muito extremos, ainda hoje pode ser recomendável aplicar-lhe o eletrochoque. Há uma gama enorme de possibilidades de tratamento para um caso desses.

Posso lembrar-me do caso de um sacerdote católico que se encontrava numa depressão endógena dessas; era tal a angústia de que sofria que, segundo me confiou, estava com receio de cometer suicídio. Após três dias de tratamento, durante o qual os meus assistentes lhe aplicaram dois eletrochoques, toda aquela angústia se dissipou. Em casos tão extremos, hoje como ontem é inumano privar o paciente dos benefícios da terapia por eletrochoque. É sem dúvida muito mais fácil dizer: «Toda essa depressão não deriva senão de imposições sociais, da estrutura política». Mas não: temos de pensar de maneira multidimensional, tanto ao fazermos o diagnóstico como ao aplicarmos a terapia.

Quanto à relação entre a fé e o sentimento de ausência de sentido: já se definiu a religião como fé no sentido último da vida. A definição é de Albert Einstein. À dra. Raskob, que tive a honra de conhecer ontem, devo a observação de que um comentário semelhante se encontra em Gollwitzer; este autor, por sinal, cita

Dostoiévski, Wittgenstein e Gunther, que dizem coisas parecidas. Nalgumas obras minhas, redigidas em inglês e ainda não traduzidas para o alemão, cheguei a definir a fé não como *the will to meaning*, mas como *the will to ultimate meaning*, ou seja, não se trata apenas de uma vontade de sentido, mas da vontade de um sentido último, do «suprassentido». Mas este se furta às simples capacidades racionais ou intelectuais do homem, necessariamente limitadas.

Para concluir: é exatamente nisto, e somente nisto, que consiste o único ponto que somos obrigados a aceitar por assim dizer sem discussão: a não racionalidade (que não implica uma exclusão da razão ou uma contradição com a mesma), a impossibilidade de captar de modo totalmente racional ou intelectual aquele âmbito próprio do suprassentido, seja qual for o nome que cada um lhe atribua. E aqui digo *lhe* não em sentido neutro, mas em sentido *pessoal*.

Muito obrigado.

Posfácio

Viktor Emil Frankl faleceu a 2 de setembro de 1997 em Viena, a sua cidade natal. Tinha noventa e dois anos. Como criador da psiquiatria logoterápica, aberta à transcendência, tinha ajudado milhares de pessoas doentes a encontrar um sentido para a vida; e como iniciador de uma escola psiquiátrica, que difundiu numa vasta obra escrita, contava seguidores em todo o mundo.

Doutor em Medicina aos 25 anos, especializou-se em Neurologia e Psiquiatria em 1936. Desde cedo, manteve contato com Freud, então professor da Universidade de Viena, mas pouco depois afastou-se da corrente psicanalítica. Seguiu então a psicologia individual de Adler, escola que também acabou abandonando, para formar a sua própria. Por ser judeu, foi preso pelos nazistas em 1942, juntamente com toda a família, e passou por quatro campos de concentração, onde morreram os seus pais, os seus irmãos e a sua primeira esposa.

Libertado em 1945, voltou a casar-se alguns anos mais tarde. Até os oitenta e cinco anos, lecionou Neurologia e Psiquiatria na Faculdade de Medicina da Universidade de Viena, foi chefe do Departamento de Neurologia do Hospital Policlínico de Viena. Além disso, foi professor visitante de Harvard, Pittsburgh, San Diego e Dallas, nos Estados Unidos, e percorreu boa parte do mundo como conferencista. Desde 1949, era também Doutor em Filosofia, e recebeu mais 29 Doutorados *honoris causa* de diversas Universidades do mundo inteiro, entre elas a Federal do Rio Grande do Sul, além do Oskar Pfister Award, concedido pela American Psychiatric Association. Dos seus trinta e dois livros, traduzidos para vinte e seis idiomas, difundiram-se vários milhões de exemplares.

Frankl descobriu que a psicanálise, para a qual toda a neurose procede da repressão da libido, era um reducionismo crasso. Afirmava que as neuroses também podem ter origem somática ou mental, e por isso não se negava a receitar o uso de fármacos aos seus pacientes quando fosse conveniente. Mas a sua maior contribuição para a psiquiatria moderna reside no tratamento das neuroses noogênicas, originadas do espírito humano, que são o principal objeto da logoterapia.

POSFÁCIO

Uma das suas inspirações centrais procede da experiência que viveu nos campos de concentração, e que vem relatada no seu livro *Em busca de sentido: um psicólogo no campo de concentração* (32ª edição, Sinodal, São Leopoldo, 2008). Observando-se a si mesmo e aos seus colegas de prisão, pôde comprovar que as pessoas, ao contrário do que afirmava Freud, não perdiam a sua individualidade em situações de sofrimento extremo; pelo contrário, precisamente nessas condições tomavam uma de duas atitudes: o desespero e a consequente degradação até o suicídio passivo, ou o esforço por extraírem o melhor de si mesmas. Os prisioneiros que conseguiam preservar e até acentuar a sua dignidade eram os que tinham o olhar posto num fim superior. «Quando há um *para quê* viver, suporta-se qualquer *como*», escreve.

Apoiado nessa experiência, Frankl defendia o primado da liberdade no homem contra os determinismos psicanalíticos. O homem, dizia, não é motivado primariamente pelo instinto do prazer (Freud) nem pelo desejo do poder (Adler), mas pela *sede de sentido*. Ou seja, não nos movemos por impulsos, «empurrados por trás»; o nosso motor situa-se «à frente», num ideal conhecido pela inteligência e livremente aceito pela vontade.

Para se descobrir o sentido da própria existência, dizia também, há três experiências principais: o amor a alguém, o serviço a um ideal, e a aceitação do sofrimento inevitável em nome de algo maior. Um compromisso nobre é capaz de orientar toda a existência e de proporcionar a felicidade, se a pessoa se entrega a ele com todas as forças, esquecendo-se de si mesma; em contrapartida, não há nada mais neurotizante do que contemplar-se continuamente a si próprio.

Por isso, Frankl ensinava que era necessário despertar nos pacientes a *responsabilidade de viver*, por mais adversas que fossem as circunstâncias. Insistia em que o homem, pelo seu espírito, é superior a qualquer tipo de padecimento, e que pode encontrar a chave do seu significado – mais ainda, tem obrigação de fazê-lo. Pelo contrário, tentar minimizar o sofrimento simplesmente fugindo à dor é receita certa de neurose. «A verdade liberta-nos do sofrimento, ao passo que a ausência de sofrimento não é capaz de aproximar-nos da verdade».

A falta de sentido da vida é a raiz desse «vazio existencial» típico do homem ocidental contemporâneo. Uma vida baseada no êxito ou no prazer confunde os fins com os meios: põe o acento nos meios de subsistência e esquece as metas transcendentes. Conduz assim de frustração em frustração ao desequilíbrio psíquico, pois não é o sofrer que é insuportável, mas sim o viver sem um ideal.

POSFÁCIO

Para ajudar os seus pacientes a encontrar um sentido para a vida, Frankl apoiava-se na dimensão espiritual, transcendente, da pessoa. Era judeu praticante e bom conhecedor da Bíblia e do cristianismo. Quando lhe perguntavam quais os valores que se deveriam promover para combater o vazio existencial, costumava responder: os Dez Mandamentos... «É somente quando as pessoas voltam as costas a Deus que se chega ao desprezo da vida».

Seleção Bibliográfica
Edições recentes do autor

ALEMÃO

Der Wille zum Sinn, Hogrefe, Berna, 2016.

Das Leiden am sinnlosen Leben, Herder/Kreuz, Friburgo, 2015.

Der Mensch vor der Frage nach dem Sinn, Piper, Munique, 2015.

Psychotherapie für den Alltag, Herder, Friburgo, 2011.

Die Sinnfrage in der Psychotherapie, Piper, Munique, 2007.

Der leidende Mensch, Hans Huber, Berna, 2005.

INGLÊS

The Will to Meaning: Foundations and Applications of Logotherapy, Penguin/Plume, Nova York, 2014.

Man's Search for Meaning, Random House/Rider, Nova York, 2008.

On the Theory and Therapy of Mental Disorders: An Introduction to Logotherapy and Existential Analysis, Routledge, Nova York, 2004.

Man's Search for Ultimate Meaning, Perseus, Nova York, 2000.

The Unheard Cry for Meaning: Psychotherapy and Humanism, Simon and Schuster, Nova York, 1988.

PORTUGUÊS

Psicoterapia e sentido da vida, 6ª edição, Quadrante, São Paulo, 2016.

O sofrimento de uma vida sem sentido, É Realizações, São Paulo, 2015.

O que não está escrito nos meus livros: memórias, É Realizações, São Paulo, 2015.

O homem em busca de sentido, Lua de Papel, Alfragide, 2015.

Logoterapia e análise existencial, Forense Universitária, Rio de Janeiro, 2014.

A busca de Deus e questionamentos sobre o sentido, Vozes, Petrópolis, 2014.

Em busca de sentido: um psicólogo no campo de concentração, Sinodal/Vozes, São Leopoldo, 2013.

A presença ignorada de Deus, Vozes, Petrópolis, 2008.

SELEÇÃO BIBLIOGRÁFICA

CASTELHANO

Psicoanálisis y existencialismo. Fondo de Cultura Económica, México, 2010.

La voluntad de sentido, Herder, Barcelona, 2008.

El hombre en busca de sentido, Herder, Barcelona, 2007.

Ante el vacío existencial, Herder, Barcelona, 2003.

La presencia ignorada de Dios, Herder, Barcelona, 2002.

La idea psicológica del hombre, Rialp, Madri, 1999.

ESTE LIVRO ACABOU DE SE IMPRIMIR
A 19 DE SETEMBRO DE 2024,
EM PAPEL PÓLEN BOLD 90 g/m2.